MW01234557

PIZZA DOUGH RECIPE

455G WATER
700GFLOUR
2G YEAST
14G SALE
MIX ALL. COVER AND REST FOR 30 MINUTES. KNEAD DOUGH UNTIL
SPRINGY AND SMOOTH. SPLIT INTO 290G BALLS. REST IN REFRDGERA-
TOR OVER NIGHT IN LIGHTLY OILED CONTAINERS. FOR A FASTER RISE
USE WARM WATER AND A PINCH OF SUGER AND DO NOT REFRIDGERATE.

BASIC PIZZA SAUCE

2 GARLIC GLOVES
1 28 OUNCE CAN CRUSHED TOMATOES
2 TABLESPOONS OF OLIVE OIL
1 ½ TEASPOOONS FINE SEA SALT

WHISK GARLIC, TOMATOES, OIL, AND SALT IN A MEDIUM BOWL. DON'T
BE TEMPTED TO ADD MORE SALT; THE FLAVOR WILL CONCENTRATE
WHEN SAUCE IS BAKED WITH PIZZA. COVER AND CHILL 3 HOURS TO LET
FLAVORS COME TOGETHER BEFORE USING.

THIS BOOK BELONGS TO:

CONTACT INFORMATION	
NAME:	
ADDRESS:	
PHONE:	

START / END DATES

_____ / _____ / _____   TO   _____ / _____ / _____

Pizza Log

DATE	
PIZZERIA	
NEIGHBORHOOD	
BEVERAGE PAIRING	

TOPPINGS

o CHEESE	o MUSHROOMS	o ONIONS
o PINEAPPLE	o BACON	o TUNA
o GREEN PEPPER	o SAUSAGE	o BLACK OLIVES
o OTHER		

CHEESE

o GREASY	o STINGY
o SMOKEY	o STINKY
o CREAMY	o SALTY

SAUCE

o SWEET	o SAVORY
o TANGY	o SPICY
o THIN	o CHUNKY

CHEESE TO SAUCE RATIO (CSR)

CHEESE	☐ ☐ ☐ ☐ ☐ ☐
SAUCE	☐ ☐ ☐ ☐ ☐ ☐

FRESHNESS

o 1   o 2   o 3   o 4   o 5

CRUST SIZE

o THIN	
o MEDIUM	
o LARGE	

CRUST

o BUTTERY	o CRISPY
o SPONGY	o BUBBLY
o CHEWY	o OTHER

CRUST

o 1   o 2   o 3   o 4   o 5

STYLE	o NY o CHICAGO o OTHER

COMMENTS

MY RATING	o 1 o 2 o 3 o 4 o 5 o 6 o 7 o 8 o 9 o 10	EAT AGAIN?	o YES o NO

Pizza Log

ATE	
IZZERIA	
EIGHBORHOOD	
EVERAGE PAIRING	

TOPPINGS			CHEESE	
CHEESE	o MUSHROOMS	o ONIONS	o GREASY	o STINGY
PINEAPPLE	o BACON	o TUNA	o SMOKEY	o STINKY
GREEN PEPPER	o SAUSAGE	o BLACK OLIVES	o CREAMY	o SALTY
OTHER			SAUCE	
			o SWEET	o SAVORY
			o TANGY	o SPICY
			o THIN	o CHUNKY

CHEESE TO SAUCE RATIO (CSR)

CHEESE	□ □ □ □ □ □
SAUCE	□ □ □ □ □ □

FRESHNESS			
o 1 o 2 o 3 o 4 o 5	

CRUST SIZE	CRUST		CRUST
THIN	o BUTTERY	o CRISPY	o 1 o 2 o 3 o 4 o 5
MEDIUM	o SPONGY	o BUBBLY	
LARGE	o CHEWY	o OTHER	STYLE o NY o CHICAGO o OTHER

COMMENTS

MY RATING	o1 o2 o3 o4 o5 o6 o7 o8 o9 o10	EAT AGAIN?	o YES o NO

Pizza Log

DATE	
PIZZERIA	
NEIGHBORHOOD	
BEVERAGE PAIRING	

TOPPINGS

o CHEESE	o MUSHROOMS	o ONIONS
o PINEAPPLE	o BACON	o TUNA
o GREEN PEPPER	o SAUSAGE	o BLACK OLIVES
o OTHER		

CHEESE

o GREASY	o STINGY
o SMOKEY	o STINKY
o CREAMY	o SALTY

SAUCE

o SWEET	o SAVORY
o TANGY	o SPICY
o THIN	o CHUNKY

CHEESE TO SAUCE RATIO (CSR

CHEESE	☐☐☐☐☐☐
SAUCE	☐☐☐☐☐☐

FRESHNESS

o 1	o 2	o 3	o 4	o 5

CRUST

o 1	o 2	o 3	o 4	o 5

CRUST SIZE

o THIN
o MEDIUM
o LARGE

CRUST

o BUTTERY	o CRISPY
o SPONGY	o BUBBLY
o CHEWY	o OTHER

STYLE	o NY o CHICAGO o OTHER

COMMENTS

MY RATING	o 1 o 2 o 3 o 4 o 5 o 6 o 7 o 8 o 9 o 10	EAT AGAIN?	o YES o NO

Pizza Log

'E	
ZERIA	
GHBORHOOD	
VERAGE PAIRING	

TOPPINGS			CHEESE	
CHEESE	o MUSHROOMS	o ONIONS	o GREASY	o STINGY
INEAPPLE	o BACON	o TUNA	o SMOKEY	o STINKY
REEN PEPPER	o SAUSAGE	o BLACK OLIVES	o CREAMY	o SALTY
THER			**SAUCE**	
			o SWEET	o SAVORY
			o TANGY	o SPICY
			o THIN	o CHUNKY

	CHEESE TO SAUCE RATIO (CSR)	
	CHEESE	☐ ☐ ☐ ☐ ☐ ☐

FRESHNESS

o 1   o 2   o 3   o 4   o 5

SAUCE	☐ ☐ ☐ ☐ ☐ ☐

CRUST SIZE	CRUST		CRUST				
HIN	o BUTTERY	o CRISPY	o 1	o 2	o 3	o 4	o 5
IEDIUM	o SPONGY	o BUBBLY					
ARGE	o CHEWY	o OTHER	**STYLE**	o NY o CHICAGO o OTHER			

COMMENTS

MY RATING	o1 o2 o3 o4 o5 o6 o7 o8 o9 o10	EAT AGAIN?	o YES o NO

Pizza Log

DATE	
PIZZERIA	
NEIGHBORHOOD	
BEVERAGE PAIRING	

TOPPINGS			CHEESE	
o CHEESE	o MUSHROOMS	o ONIONS	o GREASY	o STINGY
o PINEAPPLE	o BACON	o TUNA	o SMOKEY	o STINKY
o GREEN PEPPER	o SAUSAGE	o BLACK OLIVES	o CREAMY	o SALTY
o OTHER			SAUCE	
			o SWEET	o SAVORY
			o TANGY	o SPICY
			o THIN	o CHUNKY

		CHEESE TO SAUCE RATIO (CS

FRESHNESS					CHEESE	☐☐☐☐☐
o 1	o 2	o 3	o 4	o 5	SAUCE	☐☐☐☐☐

CRUST SIZE	CRUST		CRUST				
o THIN	o BUTTERY	o CRISPY	o 1	o 2	o 3	o 4	o 5
o MEDIUM	o SPONGY	o BUBBLY					
o LARGE	o CHEWY	o OTHER	STYLE o NY o CHICAGO o OTHER				

COMMENTS

MY RATING	o 1 o 2 o 3 o 4 o 5 o 6 o 7 o 8 o 9 o 10	EAT AGAIN?	o YES	o NO

Pizza Log

DATE	
PIZZERIA	
NEIGHBORHOOD	
BEVERAGE PAIRING	

TOPPINGS			CHEESE	
o CHEESE	o MUSHROOMS	o ONIONS	o GREASY	o STINGY
o PINEAPPLE	o BACON	o TUNA	o SMOKEY	o STINKY
o GREEN PEPPER	o SAUSAGE	o BLACK OLIVES	o CREAMY	o SALTY
o OTHER			**SAUCE**	
			o SWEET	o SAVORY
			o TANGY	o SPICY
			o THIN	o CHUNKY

CHEESE TO SAUCE RATIO (CSR)

FRESHNESS						
o 1 o 2 o 3 o 4 o 5				CHEESE	☐☐☐☐☐☐	
				SAUCE	☐☐☐☐☐☐	

CRUST SIZE	CRUST		CRUST	
o THIN	o BUTTERY	o CRISPY	o 1 o 2 o 3 o 4 o 5	
o MEDIUM	o SPONGY	o BUBBLY		
o LARGE	o CHEWY	o OTHER	**STYLE** o NY o CHICAGO o OTHER	

COMMENTS

MY RATING	o 1 o 2 o 3 o 4 o 5 o 6 o 7 o 8 o 9 o 10	EAT AGAIN?	o YES o NO

Pizza Log

DATE	
PIZZERIA	
NEIGHBORHOOD	
BEVERAGE PAIRING	

TOPPINGS

o CHEESE	o MUSHROOMS	o ONIONS
o PINEAPPLE	o BACON	o TUNA
o GREEN PEPPER	o SAUSAGE	o BLACK OLIVES
o OTHER		

CHEESE

o GREASY	o STINGY
o SMOKEY	o STINKY
o CREAMY	o SALTY

SAUCE

o SWEET	o SAVORY
o TANGY	o SPICY
o THIN	o CHUNKY

CHEESE TO SAUCE RATIO (CSR)

CHEESE	☐☐☐☐☐☐
SAUCE	☐☐☐☐☐☐

FRESHNESS

o 1   o 2   o 3   o 4   o 5

CRUST SIZE

o THIN	o BUTTERY	o CRISPY
o MEDIUM	o SPONGY	o BUBBLY
o LARGE	o CHEWY	o OTHER

CRUST

o 1   o 2   o 3   o 4   o 5

STYLE   o NY   o CHICAGO   o OTHER

COMMENTS

MY RATING	o1 o2 o3 o4 o5 o6 o7 o8 o9 o10	EAT AGAIN?	o YES o NO

Pizza Log

DATE	
PIZZERIA	
NEIGHBORHOOD	
BEVERAGE PAIRING	

TOPPINGS			CHEESE	
CHEESE	o MUSHROOMS	o ONIONS	o GREASY	o STINGY
PINEAPPLE	o BACON	o TUNA	o SMOKEY	o STINKY
GREEN PEPPER	o SAUSAGE	o BLACK OLIVES	o CREAMY	o SALTY
OTHER			**SAUCE**	
			o SWEET	o SAVORY
			o TANGY	o SPICY
			o THIN	o CHUNKY

CHEESE TO SAUCE RATIO (CSR)		
FRESHNESS	CHEESE	☐ ☐ ☐ ☐ ☐ ☐
o1 o2 o3 o4 o 5	SAUCE	☐ ☐ ☐ ☐ ☐ ☐

CRUST SIZE	CRUST		CRUST
THIN	o BUTTERY	o CRISPY	o1 o2 o3 o4 o5
MEDIUM	o SPONGY	o BUBBLY	
LARGE	o CHEWY	o OTHER	**STYLE** o NY o CHICAGO o OTHER

COMMENTS

MY RATING	o1 o2 o3 o4 o5 o6 o7 o8 o9 o10	EAT AGAIN?	o YES o NO

Pizza Log

DATE	
PIZZERIA	
NEIGHBORHOOD	
BEVERAGE PAIRING	

TOPPINGS			CHEESE	
o CHEESE	o MUSHROOMS	o ONIONS	o GREASY	o STINGY
o PINEAPPLE	o BACON	o TUNA	o SMOKEY	o STINKY
o GREEN PEPPER	o SAUSAGE	o BLACK OLIVES	o CREAMY	o SALTY
o OTHER			**SAUCE**	
			o SWEET	o SAVORY
			o TANGY	o SPICY
			o THIN	o CHUNKY

			CHEESE TO SAUCE RATIO (CSR
FRESHNESS			CHEESE □□□□□□
o 1 o 2 o 3 o 4 o 5			SAUCE □□□□□□

CRUST SIZE	CRUST		CRUST
o THIN	o BUTTERY	o CRISPY	o 1 o 2 o 3 o 4 o 5
o MEDIUM	o SPONGY	o BUBBLY	
o LARGE	o CHEWY	o OTHER	**STYLE** o NY o CHICAGO o OTHER

COMMENTS

MY RATING	o 1 o 2 o 3 o 4 o 5 o 6 o 7 o 8 o 9 o 10	EAT AGAIN?	o YES o NO

Pizza Log

E	
ZERIA	
GHBORHOOD	
VERAGE PAIRING	

TOPPINGS			CHEESE	
CHEESE	o MUSHROOMS	o ONIONS	o GREASY	o STINGY
INEAPPLE	o BACON	o TUNA	o SMOKEY	o STINKY
REEN PEPPER	o SAUSAGE	o BLACK OLIVES	o CREAMY	o SALTY
THER			**SAUCE**	
			o SWEET	o SAVORY
			o TANGY	o SPICY
			o THIN	o CHUNKY

CHEESE TO SAUCE RATIO (CSR)

FRESHNESS					CHEESE	☐☐☐☐☐☐☐
o 1	o 2	o 3	o 4	o 5	SAUCE	☐☐☐☐☐☐☐

CRUST SIZE	CRUST		CRUST				
THIN	o BUTTERY	o CRISPY	o 1	o 2	o 3	o 4	o 5
EDIUM	o SPONGY	o BUBBLY					
ARGE	o CHEWY	o OTHER	**STYLE**	o NY o CHICAGO o OTHER			

COMMENTS

MY RATING	o1 o2 o3 o4 o5 o6 o7 o8 o9 o10	EAT AGAIN?	.o YES o NO

Pizza Log

DATE	
PIZZERIA	
NEIGHBORHOOD	
BEVERAGE PAIRING	

TOPPINGS			CHEESE	
o CHEESE	o MUSHROOMS	o ONIONS	o GREASY	o STINGY
o PINEAPPLE	o BACON	o TUNA	o SMOKEY	o STINKY
o GREEN PEPPER	o SAUSAGE	o BLACK OLIVES	o CREAMY	o SALTY
o OTHER			**SAUCE**	
			o SWEET	o SAVORY
			o TANGY	o SPICY
			o THIN	o CHUNKY

		CHEESE TO SAUCE RATIO (CS

FRESHNESS	CHEESE	☐☐☐☐☐

o 1 o 2 o 3 o 4 o 5	SAUCE	☐☐☐☐☐

CRUST SIZE	CRUST		CRUST
o THIN	o BUTTERY	o CRISPY	o 1 o 2 o 3 o 4 o 5
o MEDIUM	o SPONGY	o BUBBLY	
o LARGE	o CHEWY	o OTHER	**STYLE** o NY o CHICAGO o OTHER

COMMENTS

MY RATING	o1 o2 o3 o4 o5 o6 o7 o8 o9 o10	EAT AGAIN?	o YES o NO

Pizza Log

DATE	
PIZZERIA	
NEIGHBORHOOD	
BEVERAGE PAIRING	

TOPPINGS			CHEESE	
o CHEESE	o MUSHROOMS	o ONIONS	o GREASY	o STINGY
o PINEAPPLE	o BACON	o TUNA	o SMOKEY	o STINKY
o GREEN PEPPER	o SAUSAGE	o BLACK OLIVES	o CREAMY	o SALTY
o OTHER			**SAUCE**	
			o SWEET	o SAVORY
			o TANGY	o SPICY
			o THIN	o CHUNKY

CHEESE TO SAUCE RATIO (CSR)

FRESHNESS					CHEESE	☐☐☐☐☐☐
o 1 o 2 o 3 o 4 o 5					SAUCE	☐☐☐☐☐☐

CRUST SIZE	CRUST		CRUST	
o THIN	o BUTTERY	o CRISPY	o 1 o 2 o 3 o 4 o 5	
o MEDIUM	o SPONGY	o BUBBLY		
o LARGE	o CHEWY	o OTHER	**STYLE**	o NY o CHICAGO o OTHER

COMMENTS

MY RATING	o1 o2 o3 o4 o5 o6 o7 o8 o9 o10	EAT AGAIN?	o YES o NO

Pizza Log

DATE	
PIZZERIA	
NEIGHBORHOOD	
BEVERAGE PAIRING	

TOPPINGS			CHEESE	
o CHEESE	o MUSHROOMS	o ONIONS	o GREASY	o STINGY
o PINEAPPLE	o BACON	o TUNA	o SMOKEY	o STINKY
o GREEN PEPPER	o SAUSAGE	o BLACK OLIVES	o CREAMY	o SALTY
o OTHER			**SAUCE**	
			o SWEET	o SAVORY
			o TANGY	o SPICY
			o THIN	o CHUNKY

CHEESE TO SAUCE RATIO (CSR)	
CHEESE	☐☐☐☐☐☐
SAUCE	☐☐☐☐☐☐

FRESHNESS	
o 1 o 2 o 3 o 4 o 5	

CRUST SIZE	CRUST		CRUST
o THIN	o BUTTERY	o CRISPY	o 1 o 2 o 3 o 4 o 5
o MEDIUM	o SPONGY	o BUBBLY	**STYLE** o NY o CHICAGO o OTHER
o LARGE	o CHEWY	o OTHER	

COMMENTS

MY RATING	o1 o2 o3 o4 o5 o6 o7 o8 o9 o10	EAT AGAIN?	o YES o NO

Pizza Log

ATE	
ZZERIA	
EIGHBORHOOD	
EVERAGE PAIRING	

TOPPINGS			CHEESE	
CHEESE	o MUSHROOMS	o ONIONS	o GREASY	o STINGY
PINEAPPLE	o BACON	o TUNA	o SMOKEY	o STINKY
GREEN PEPPER	o SAUSAGE	o BLACK OLIVES	o CREAMY	o SALTY
OTHER			**SAUCE**	
			o SWEET	o SAVORY
			o TANGY	o SPICY
			o THIN	o CHUNKY

CHEESE TO SAUCE RATIO (CSR)	
CHEESE	☐☐☐☐☐☐
SAUCE	☐☐☐☐☐☐

FRESHNESS
o 1   o 2   o 3   o 4   o 5

CRUST SIZE	CRUST		CRUST
THIN	o BUTTERY	o CRISPY	o 1 o 2 o 3 o 4 o 5
MEDIUM	o SPONGY	o BUBBLY	
LARGE	o CHEWY	o OTHER	**STYLE** o NY o CHICAGO o OTHER

COMMENTS

MY RATING	o1 o2 o3 o4 o5 o6 o7 o8 o9 o10	EAT AGAIN?	o YES o NO

Pizza Log

DATE	
PIZZERIA	
NEIGHBORHOOD	
BEVERAGE PAIRING	

TOPPINGS			CHEESE	
o CHEESE	o MUSHROOMS	o ONIONS	o GREASY	o STINGY
o PINEAPPLE	o BACON	o TUNA	o SMOKEY	o STINKY
o GREEN PEPPER	o SAUSAGE	o BLACK OLIVES	o CREAMY	o SALTY
o OTHER			**SAUCE**	
			o SWEET	o SAVORY
			o TANGY	o SPICY
			o THIN	o CHUNKY

			CHEESE TO SAUCE RATIO (CSR
		CHEESE	☐☐☐☐☐☐
FRESHNESS			
o1 o2 o3 o4 o5		SAUCE	☐☐☐☐☐☐

CRUST SIZE	CRUST		CRUST
o THIN	o BUTTERY	o CRISPY	o1 o2 o3 o4 o5
o MEDIUM	o SPONGY	o BUBBLY	
o LARGE	o CHEWY	o OTHER	**STYLE** o NY o CHICAGO o OTHER

COMMENTS

MY RATING	o1 o2 o3 o4 o5 o6 o7 o8 o9 o10	EAT AGAIN?	o YES o NO

Pizza Log

̄E	
̄ZERIA	
̄GHBORHOOD	
̄VERAGE PAIRING	

TOPPINGS			CHEESE	
̄HEESE	o MUSHROOMS	o ONIONS	o GREASY	o STINGY
̄INEAPPLE	o BACON	o TUNA	o SMOKEY	o STINKY
̄REEN PEPPER	o SAUSAGE	o BLACK OLIVES	o CREAMY	o SALTY
̄THER			**SAUCE**	
			o SWEET	o SAVORY
			o TANGY	o SPICY
			o THIN	o CHUNKY
			CHEESE TO SAUCE RATIO (CSR)	
FRESHNESS			CHEESE	☐☐☐☐☐☐
o 1 o 2 o 3 o 4 o 5			SAUCE	☐☐☐☐☐☐

CRUST SIZE	CRUST		CRUST	
̄HIN	o BUTTERY	o CRISPY	o 1 o 2 o 3 o 4 o 5	
̄EDIUM	o SPONGY	o BUBBLY		
̄ARGE	o CHEWY	o OTHER	**STYLE**	o NY o CHICAGO o OTHER

COMMENTS

MY RATING	o 1 o 2 o 3 o 4 o 5 o 6 o 7 o 8 o 9 o 10	EAT AGAIN?	o YES o NO

Pizza Log

DATE	
PIZZERIA	
NEIGHBORHOOD	
BEVERAGE PAIRING	

TOPPINGS			CHEESE	
o CHEESE	o MUSHROOMS	o ONIONS	o GREASY	o STINGY
o PINEAPPLE	o BACON	o TUNA	o SMOKEY	o STINKY
o GREEN PEPPER	o SAUSAGE	o BLACK OLIVES	o CREAMY	o SALTY
o OTHER			**SAUCE**	
			o SWEET	o SAVORY
			o TANGY	o SPICY
			o THIN	o CHUNKY
			CHEESE TO SAUCE RATIO (CS	

FRESHNESS				CHEESE	□□□□□
o 1	o 2	o 3	o 4 o 5	SAUCE	□□□□□

CRUST SIZE	CRUST		CRUST			
o THIN	o BUTTERY	o CRISPY	o 1	o 2	o 3	o 4 o 5
o MEDIUM	o SPONGY	o BUBBLY				
o LARGE	o CHEWY	o OTHER	**STYLE**	o NY o CHICAGO o OTHER		

COMMENTS

MY RATING	o1 o2 o3 o4 o5 o6 o7 o8 o9 o10	EAT AGAIN?	o YES o NO

Pizza Log

DATE	
PIZZERIA	
NEIGHBORHOOD	
BEVERAGE PAIRING	

TOPPINGS			CHEESE	
o CHEESE	o MUSHROOMS	o ONIONS	o GREASY	o STINGY
o PINEAPPLE	o BACON	o TUNA	o SMOKEY	o STINKY
o GREEN PEPPER	o SAUSAGE	o BLACK OLIVES	o CREAMY	o SALTY

o OTHER	**SAUCE**	
	o SWEET	o SAVORY
	o TANGY	o SPICY
	o THIN	o CHUNKY

CHEESE TO SAUCE RATIO (CSR)

CHEESE	☐☐☐☐☐☐
SAUCE	☐☐☐☐☐☐

FRESHNESS

o1   o2   o3   o4   o 5

CRUST SIZE	CRUST		CRUST
o THIN	o BUTTERY	o CRISPY	o1 o2 o3 o4 o5
o MEDIUM	o SPONGY	o BUBBLY	
o LARGE	o CHEWY	o OTHER	**STYLE** o NY o CHICAGO o OTHER

COMMENTS

MY RATING	o1 o2 o3 o4 o5 o6 o7 o8 o9 o10	EAT AGAIN?	o YES o NO

Pizza Log

DATE	
PIZZERIA	
NEIGHBORHOOD	
BEVERAGE PAIRING	

TOPPINGS			CHEESE	
o CHEESE	o MUSHROOMS	o ONIONS	o GREASY	o STINGY
o PINEAPPLE	o BACON	o TUNA	o SMOKEY	o STINKY
o GREEN PEPPER	o SAUSAGE	o BLACK OLIVES	o CREAMY	o SALTY
o OTHER			**SAUCE**	
			o SWEET	o SAVORY
			o TANGY	o SPICY
			o THIN	o CHUNKY

CHEESE TO SAUCE RATIO (CSR)

CHEESE	☐ ☐ ☐ ☐ ☐ ☐
SAUCE	☐ ☐ ☐ ☐ ☐ ☐

FRESHNESS
o 1   o 2   o 3   o 4   o 5

CRUST SIZE	CRUST		CRUST
o THIN	o BUTTERY	o CRISPY	o 1 o 2 o 3 o 4 o 5
o MEDIUM	o SPONGY	o BUBBLY	**STYLE** o NY o CHICAGO o OTHER
o LARGE	o CHEWY	o OTHER	

COMMENTS

MY RATING	o1 o2 o3 o4 o5 o6 o7 o8 o9 o10	EAT AGAIN?	o YES o NO

Pizza Log

ATE	
ZZERIA	
EIGHBORHOOD	
EVERAGE PAIRING	

TOPPINGS			CHEESE	
CHEESE	o MUSHROOMS	o ONIONS	o GREASY	o STINGY
PINEAPPLE	o BACON	o TUNA	o SMOKEY	o STINKY
GREEN PEPPER	o SAUSAGE	o BLACK OLIVES	o CREAMY	o SALTY
OTHER			**SAUCE**	
			o SWEET	o SAVORY
			o TANGY	o SPICY
			o THIN	o CHUNKY

		CHEESE TO SAUCE RATIO (CSR)	
FRESHNESS		CHEESE	☐☐☐☐☐☐
o1 o2 o3 o4 o5		SAUCE	☐☐☐☐☐☐

CRUST SIZE	CRUST		CRUST	
THIN	o BUTTERY	o CRISPY	o1 o2 o3 o4 o5	
MEDIUM	o SPONGY	o BUBBLY		
LARGE	o CHEWY	o OTHER	**STYLE** o NY o CHICAGO o OTHER	

COMMENTS

MY RATING	o1 o2 o3 o4 o5 o6 o7 o8 o9 o10	EAT AGAIN?	o YES o NO

Pizza Log

DATE	
PIZZERIA	
NEIGHBORHOOD	
BEVERAGE PAIRING	

TOPPINGS

o CHEESE	o MUSHROOMS	o ONIONS
o PINEAPPLE	o BACON	o TUNA
o GREEN PEPPER	o SAUSAGE	o BLACK OLIVES
o OTHER		

CHEESE

o GREASY	o STINGY
o SMOKEY	o STINKY
o CREAMY	o SALTY

SAUCE

o SWEET	o SAVORY
o TANGY	o SPICY
o THIN	o CHUNKY

CHEESE TO SAUCE RATIO (CSR

CHEESE	☐ ☐ ☐ ☐ ☐ ☐
SAUCE	☐ ☐ ☐ ☐ ☐ ☐

FRESHNESS

o 1   o 2   o 3   o 4   o 5

CRUST SIZE

o THIN	o BUTTERY	o CRISPY
o MEDIUM	o SPONGY	o BUBBLY
o LARGE	o CHEWY	o OTHER

CRUST

CRUST

o 1   o 2   o 3   o 4   o 5

STYLE o NY o CHICAGO o OTHER

COMMENTS

MY RATING	o1 o2 o3 o4 o5 o6 o7 o8 o9 o10	EAT AGAIN?	o YES o NO

Pizza Log

E	
ZERIA	
GHBORHOOD	
ERAGE PAIRING	

TOPPINGS			CHEESE	
HEESE	o MUSHROOMS	o ONIONS	o GREASY	o STINGY
INEAPPLE	o BACON	o TUNA	o SMOKEY	o STINKY
REEN PEPPER	o SAUSAGE	o BLACK OLIVES	o CREAMY	o SALTY
THER			**SAUCE**	
			o SWEET	o SAVORY
			o TANGY	o SPICY
			o THIN	o CHUNKY

		CHEESE TO SAUCE RATIO (CSR)	
FRESHNESS		CHEESE	☐☐☐☐☐☐
o 1　o 2　o 3　o 4　o 5		SAUCE	☐☐☐☐☐☐

CRUST SIZE	CRUST		CRUST	
HIN	o BUTTERY	o CRISPY	o 1　o 2　o 3　o 4　o 5	
EDIUM	o SPONGY	o BUBBLY		
ARGE	o CHEWY	o OTHER	**STYLE**	o NY o CHICAGO o OTHER

COMMENTS

MY RATING	o 1 o 2 o 3 o 4 o 5 o 6 o 7 o 8 o 9 o 10	EAT AGAIN?	o YES　o NO

Pizza Log

DATE	
PIZZERIA	
NEIGHBORHOOD	
BEVERAGE PAIRING	

TOPPINGS			CHEESE	
o CHEESE	o MUSHROOMS	o ONIONS	o GREASY	o STINGY
o PINEAPPLE	o BACON	o TUNA	o SMOKEY	o STINKY
o GREEN PEPPER	o SAUSAGE	o BLACK OLIVES	o CREAMY	o SALTY
o OTHER			**SAUCE**	
			o SWEET	o SAVORY
			o TANGY	o SPICY
			o THIN	o CHUNKY

			CHEESE TO SAUCE RATIO (CS
		CHEESE	☐ ☐ ☐ ☐ ☐
FRESHNESS		SAUCE ·	☐ ☐ ☐ ☐ ☐
o1 o2 o3 o4 o 5			

CRUST SIZE	CRUST		CRUST
o THIN	o BUTTERY	o CRISPY	o1 o2 o3 o4 o5
o MEDIUM	o SPONGY	o BUBBLY	
o LARGE	o CHEWY	o OTHER	**STYLE** o NY o CHICAGO o OTHER

COMMENTS

MY RATING	o1 o2 o3 o4 o5 o6 o7 o8 o9 o10	EAT AGAIN?	o YES	o NO

Pizza Log

DATE	
PIZZERIA	
NEIGHBORHOOD	
BEVERAGE PAIRING	

TOPPINGS			CHEESE	
o CHEESE	o MUSHROOMS	o ONIONS	o GREASY	o STINGY
o PINEAPPLE	o BACON	o TUNA	o SMOKEY	o STINKY
o GREEN PEPPER	o SAUSAGE	o BLACK OLIVES	o CREAMY	o SALTY
o OTHER			**SAUCE**	
			o SWEET	o SAVORY
			o TANGY	o SPICY
			o THIN	o CHUNKY

CHEESE TO SAUCE RATIO (ĊSR)

FRESHNESS						
o 1 o 2 o 3 o 4 o 5				CHEESE	□□□□□□	
				SAUCE	□□□□□□	

CRUST SIZE	CRUST		CRUST
o THIN	o BUTTERY	o CRISPY	o 1 o 2 o 3 o 4 o 5
o MEDIUM	o SPONGY	o BUBBLY	
o LARGE	o CHEWY	o OTHER	**STYLE** o NY o CHICAGO o OTHER

COMMENTS

MY RATING	o1 o2 o3 o4 o5 o6 o7 o8 o9 o10	EAT AGAIN?	o YES o NO

Pizza Log

DATE	
PIZZERIA	
NEIGHBORHOOD	
BEVERAGE PAIRING	

TOPPINGS			CHEESE	
o CHEESE	o MUSHROOMS	o ONIONS	o GREASY	o STINGY
o PINEAPPLE	o BACON	o TUNA	o SMOKEY	o STINKY
o GREEN PEPPER	o SAUSAGE	o BLACK OLIVES	o CREAMY	o SALTY
o OTHER			SAUCE	
			o SWEET	o SAVORY
			o TANGY	o SPICY
			o THIN	o CHUNKY

		CHEESE TO SAUCE RATIO (CSR)	
FRESHNESS		CHEESE	☐☐☐☐☐☐
o1 o2 o3 o4 o5		SAUCE	☐☐☐☐☐☐

CRUST SIZE	CRUST		CRUST
o THIN	o BUTTERY	o CRISPY	o1 o2 o3 o4 o5
o MEDIUM	o SPONGY	o BUBBLY	
o LARGE	o CHEWY	o OTHER	**STYLE** o NY o CHICAGO o OTHER

COMMENTS

MY RATING	o1 o2 o3 o4 o5 o6 o7 o8 o9 o10	EAT AGAIN?	o YES o NO

Pizza Log

ATE	
ZZERIA	
EIGHBORHOOD	
EVERAGE PAIRING	

TOPPINGS			CHEESE	
CHEESE	o MUSHROOMS	o ONIONS	o GREASY	o STINGY
PINEAPPLE	o BACON	o TUNA	o SMOKEY	o STINKY
GREEN PEPPER	o SAUSAGE	o BLACK OLIVES	o CREAMY	o SALTY

OTHER	SAUCE	
	o SWEET	o SAVORY
	o TANGY	o SPICY
	o THIN	o CHUNKY

	CHEESE TO SAUCE RATIO (CSR)	
FRESHNESS	CHEESE	☐☐☐☐☐☐
o 1　　o 2　　o 3　　o 4　　o 5	SAUCE	☐☐☐☐☐☐

CRUST SIZE	CRUST		CRUST
THIN	o BUTTERY	o CRISPY	o 1　　o 2　　o 3　　o 4　　o 5
MEDIUM	o SPONGY	o BUBBLY	
LARGE	o CHEWY	o OTHER	**STYLE** o NY o CHICAGO o OTHER

COMMENTS

MY RATING	o 1 o 2 o 3 o 4 o 5 o 6 o 7 o 8 o 9 o 10	EAT AGAIN?	o YES　　o NO

Pizza Log

DATE	
PIZZERIA	
NEIGHBORHOOD	
BEVERAGE PAIRING	

TOPPINGS

o CHEESE	o MUSHROOMS	o ONIONS
o PINEAPPLE	o BACON	o TUNA
o GREEN PEPPER	o SAUSAGE	o BLACK OLIVES
o OTHER		

CHEESE

o GREASY	o STINGY
o SMOKEY	o STINKY
o CREAMY	o SALTY

SAUCE

o SWEET	o SAVORY
o TANGY	o SPICY
o THIN	o CHUNKY

CHEESE TO SAUCE RATIO (CSR

CHEESE	▢▢▢▢▢▢
SAUCE	▢▢▢▢▢▢

FRESHNESS

o 1   o 2   o 3   o 4   o 5

CRUST SIZE

o THIN	o BUTTERY	o CRISPY
o MEDIUM	o SPONGY	o BUBBLY
o LARGE	o CHEWY	o OTHER

CRUST

o 1   o 2   o 3   o 4   o 5

STYLE	o NY o CHICAGO o OTHER

COMMENTS

MY RATING	o1 o2 o3 o4 o5 o6 o7 o8 o9 o10	EAT AGAIN?	o YES o NO

Pizza Log

E	
ZERIA	
GHBORHOOD	
/ERAGE PAIRING	

TOPPINGS			CHEESE	
HEESE	o MUSHROOMS	o ONIONS	o GREASY	o STINGY
INEAPPLE	o BACON	o TUNA	o SMOKEY	o STINKY
REEN PEPPER	o SAUSAGE	o BLACK OLIVES	o CREAMY	o SALTY
THER			**SAUCE**	
			o SWEET	o SAVORY
			o TANGY	o SPICY
			o THIN	o CHUNKY

			CHEESE TO SAUCE RATIO (CSR)	
FRESHNESS			CHEESE	☐☐☐☐☐☐
o 1 o 2 o 3 o 4 o 5			SAUCE	☐☐☐☐☐☐

CRUST SIZE	CRUST		CRUST	
HIN	o BUTTERY	o CRISPY	o 1 o 2 o 3 o 4 o 5	
EDIUM	o SPONGY	o BUBBLY		
ARGE	o CHEWY	o OTHER	**STYLE**	o NY o CHICAGO o OTHER

COMMENTS

MY RATING	o 1 o 2 o 3 o 4 o 5 o 6 o 7 o 8 o 9 o 10	EAT AGAIN?	o YES o NO

Pizza Log

DATE	
PIZZERIA	
NEIGHBORHOOD	
BEVERAGE PAIRING	

TOPPINGS

o CHEESE	o MUSHROOMS	o ONIONS
o PINEAPPLE	o BACON	o TUNA
o GREEN PEPPER	o SAUSAGE	o BLACK OLIVES
o OTHER		

CHEESE

o GREASY	o STINGY
o SMOKEY	o STINKY
o CREAMY	o SALTY

SAUCE

o SWEET	o SAVORY
o TANGY	o SPICY
o THIN	o CHUNKY

CHEESE TO SAUCE RATIO (CS

CHEESE	☐☐☐☐☐
SAUCE	☐☐☐☐☐

FRESHNESS

o 1   o 2   o 3   o 4   o 5

CRUST SIZE

o THIN
o MEDIUM
o LARGE

CRUST

o BUTTERY	o CRISPY
o SPONGY	o BUBBLY
o CHEWY	o OTHER

CRUST

o 1   o 2   o 3   o 4   o 5

STYLE	o NY o CHICAGO o OTHER

COMMENTS

MY RATING	o 1 o 2 o 3 o 4 o 5 o 6 o 7 o 8 o 9 o 10	EAT AGAIN?	o YES	o NO

Pizza Log

DATE	
PIZZERIA	
NEIGHBORHOOD	
BEVERAGE PAIRING	

TOPPINGS			CHEESE	
o CHEESE	o MUSHROOMS	o ONIONS	o GREASY	o STINGY
o PINEAPPLE	o BACON	o TUNA	o SMOKEY	o STINKY
o GREEN PEPPER	o SAUSAGE	o BLACK OLIVES	o CREAMY	o SALTY
o OTHER			**SAUCE**	
			o SWEET	o SAVORY
			o TANGY	o SPICY
			o THIN	o CHUNKY

			CHEESE TO SAUCE RATIO (CSR)	
			CHEESE	☐☐☐☐☐☐
FRESHNESS			SAUCE	☐☐☐☐☐☐
o1 o2 o3 o4 o5				

CRUST SIZE	CRUST		CRUST	
o THIN	o BUTTERY	o CRISPY	o1 o2 o3 o4 o5	
o MEDIUM	o SPONGY	o BUBBLY		
o LARGE	o CHEWY	o OTHER	**STYLE**	o NY o CHICAGO o OTHER

COMMENTS

MY RATING	o1 o2 o3 o4 o5 o6 o7 o8 o9 o10	EAT AGAIN?	o YES o NO

Pizza Log

DATE	
PIZZERIA	
NEIGHBORHOOD	
BEVERAGE PAIRING	

TOPPINGS			CHEESE	
o CHEESE	o MUSHROOMS	o ONIONS	o GREASY	o STINGY
o PINEAPPLE	o BACON	o TUNA	o SMOKEY	o STINKY
o GREEN PEPPER	o SAUSAGE	o BLACK OLIVES	o CREAMY	o SALTY
o OTHER			**SAUCE**	
			o SWEET	o SAVORY
			o TANGY	o SPICY
			o THIN	o CHUNKY

CHEESE TO SAUCE RATIO (CSR)

FRESHNESS					CHEESE	☐☐☐☐☐☐
o 1	o 2	o 3	o 4	o 5	SAUCE	☐☐☐☐☐☐

CRUST SIZE	CRUST		CRUST				
o THIN	o BUTTERY	o CRISPY	o 1	o 2	o 3	o 4	o 5
o MEDIUM	o SPONGY	o BUBBLY					
o LARGE	o CHEWY	o OTHER	**STYLE** o NY o CHICAGO o OTHER				

COMMENTS

MY RATING	o1 o2 o3 o4 o5 o6 o7 o8 o9 o10	EAT AGAIN?	o YES o NO

Pizza Log

ATE	
ZZERIA	
EIGHBORHOOD	
EVERAGE PAIRING	

TOPPINGS			CHEESE	
CHEESE	o MUSHROOMS	o ONIONS	o GREASY	o STINGY
PINEAPPLE	o BACON	o TUNA	o SMOKEY	o STINKY
GREEN PEPPER	o SAUSAGE	o BLACK OLIVES	o CREAMY	o SALTY
OTHER			SAUCE	
			o SWEET	o SAVORY
			o TANGY	o SPICY
			o THIN	o CHUNKY

CHEESE TO SAUCE RATIO (CSR)	
CHEESE	☐ ☐ ☐ ☐ ☐ ☐
SAUCE	☐ ☐ ☐ ☐ ☐ ☐

FRESHNESS

o 1   o 2   o 3   o 4   o 5

CRUST SIZE	CRUST		CRUST
THIN	o BUTTERY	o CRISPY	o 1 o 2 o 3 o 4 o 5
MEDIUM	o SPONGY	o BUBBLY	
LARGE	o CHEWY	o OTHER	**STYLE** o NY o CHICAGO o OTHER

COMMENTS

MY RATING	o1 o2 o3 o4 o5 o6 o7 o8 o9 o10	EAT AGAIN?	o YES o NO

Pizza Log

DATE	
PIZZERIA	
NEIGHBORHOOD	
BEVERAGE PAIRING	

TOPPINGS			CHEESE	
o CHEESE	o MUSHROOMS	o ONIONS	o GREASY	o STINGY
o PINEAPPLE	o BACON	o TUNA	o SMOKEY	o STINKY
o GREEN PEPPER	o SAUSAGE	o BLACK OLIVES	o CREAMY	o SALTY
o OTHER			**SAUCE**	
			o SWEET	o SAVORY
			.o TANGY	o SPICY
			o THIN	o CHUNKY

CHEESE TO SAUCE RATIO (CSR

FRESHNESS		CHEESE	☐☐☐☐☐☐
o1 o2 o3 o4 o5		SAUCE	☐☐☐☐☐☐

CRUST SIZE	CRUST		CRUST	
o THIN	o BUTTERY	o CRISPY	o1 o2 o3 o4 o5	
o MEDIUM	o SPONGY	o BUBBLY	**STYLE**	o NY o CHICAGO o OTHER
o LARGE	o CHEWY	o OTHER		

COMMENTS

MY RATING	o1 o2 o3 o4 o5 o6 o7 o8 o9 o10	EAT AGAIN?	o YES o NO

Pizza Log

E	
ZERIA	
GHBORHOOD	
VERAGE PAIRING	

TOPPINGS			CHEESE	
CHEESE	o MUSHROOMS	o ONIONS	o GREASY	o STINGY
INEAPPLE	o BACON	o TUNA	o SMOKEY	o STINKY
REEN PEPPER	o SAUSAGE	o BLACK OLIVES	o CREAMY	o SALTY
THER			**SAUCE**	
			o SWEET	o SAVORY
			o TANGY	o SPICY
			o THIN	o CHUNKY

CHEESE TO SAUCE RATIO (CSR)

FRESHNESS						
o 1	o 2	o 3	o 4	o 5	CHEESE	☐☐☐☐☐☐
					SAUCE	☐☐☐☐☐☐

CRUST SIZE	CRUST		CRUST				
HIN	o BUTTERY	o CRISPY	o 1	o 2	o 3	o 4	o 5
EDIUM	o SPONGY	o BUBBLY					
ARGE	o CHEWY	o OTHER	**STYLE** o NY o CHICAGO o OTHER				

COMMENTS

MY RATING	o1 o2 o3 o4 o5 o6 o7 o8 o9 o10	EAT AGAIN?	o YES o NO

Pizza Log

DATE	
PIZZERIA	
NEIGHBORHOOD	
BEVERAGE PAIRING	

TOPPINGS			CHEESE	
o CHEESE	o MUSHROOMS	o ONIONS	o GREASY	o STINGY
o PINEAPPLE	o BACON	o TUNA	o SMOKEY	o STINKY
o GREEN PEPPER	o SAUSAGE	o BLACK OLIVES	o CREAMY	o SALTY
o OTHER			**SAUCE**	
			o SWEET	o SAVORY
			o TANGY	o SPICY
			o THIN	o CHUNKY

CHEESE TO SAUCE RATIO (CS

FRESHNESS					CHEESE	☐☐☐☐☐
o 1	o 2	o 3	o 4	o 5	SAUCE	☐☐☐☐☐

CRUST SIZE	CRUST		CRUST				
o THIN	o BUTTERY	o CRISPY	o 1	o 2	o 3	o 4	o 5
o MEDIUM	o SPONGY	o BUBBLY					
o LARGE	o CHEWY	o OTHER	**STYLE**	o NY	o CHICAGO	o OTHER	

COMMENTS

MY RATING	o 1 o 2 o 3 o 4 o 5 o 6 o 7 o 8 o 9 o 10	EAT AGAIN?	o YES	o NO

Pizza Log

DATE	
PIZZERIA	
NEIGHBORHOOD	
BEVERAGE PAIRING	

TOPPINGS			CHEESE	
o CHEESE	o MUSHROOMS	o ONIONS	o GREASY	o STINGY
o PINEAPPLE	o BACON	o TUNA	o SMOKEY	o STINKY
o GREEN PEPPER	o SAUSAGE	o BLACK OLIVES	o CREAMY	o SALTY
o OTHER			**SAUCE**	
			o SWEET	o SAVORY
			o TANGY	o SPICY
			o THIN	o CHUNKY

			CHEESE TO SAUCE RATIO (CSR)	
			CHEESE	☐☐☐☐☐☐
			SAUCE	☐☐☐☐☐☐

FRESHNESS

o 1   o 2   o 3   o 4   o 5

CRUST SIZE	CRUST		CRUST
o THIN	o BUTTERY	o CRISPY	o 1 o 2 o 3 o 4 o 5
o MEDIUM	o SPONGY	o BUBBLY	
o LARGE	o CHEWY	o OTHER	**STYLE** o NY o CHICAGO o OTHER

COMMENTS

MY RATING	o1 o2 o3 o4 o5 o6 o7 o8 o9 o10	EAT AGAIN?	o YES o NO

Pizza Log

DATE	
PIZZERIA	
NEIGHBORHOOD	
BEVERAGE PAIRING	

TOPPINGS			CHEESE	
o CHEESE	o MUSHROOMS	o ONIONS	o GREASY	o STINGY
o PINEAPPLE	o BACON	o TUNA	o SMOKEY	o STINKY
o GREEN PEPPER	o SAUSAGE	o BLACK OLIVES	o CREAMY	o SALTY
o OTHER			SAUCE	
			o SWEET	o SAVORY
			o TANGY	o SPICY
			o THIN	o CHUNKY

CHEESE TO SAUCE RATIO (CSR)		
CHEESE	□□□□□□
SAUCE	□□□□□□

FRESHNESS				
o 1	o 2	o 3	o 4	o 5

CRUST SIZE	CRUST		CRUST				
o THIN	o BUTTERY	o CRISPY	o 1	o 2	o 3	o 4	o 5
o MEDIUM	o SPONGY	o BUBBLY					
o LARGE	o CHEWY	o OTHER	STYLE o NY o CHICAGO o OTHER				

COMMENTS

MY RATING	o 1 o 2 o 3 o 4 o 5 o 6 o 7 o 8 o 9 o 10	EAT AGAIN?	o YES o NO

Pizza Log

DATE	
PIZZERIA	
NEIGHBORHOOD	
BEVERAGE PAIRING	

TOPPINGS			CHEESE	
CHEESE	o MUSHROOMS	o ONIONS	o GREASY	o STINGY
PINEAPPLE	o BACON	o TUNA	o SMOKEY	o STINKY
GREEN PEPPER	o SAUSAGE	o BLACK OLIVES	o CREAMY	o SALTY
OTHER			**SAUCE**	
			o SWEET	o SAVORY
			o TANGY	o SPICY
			o THIN	o CHUNKY

CHEESE TO SAUCE RATIO (CSR)	
CHEESE	☐☐☐☐☐☐
SAUCE	☐☐☐☐☐☐

FRESHNESS				
o 1	o 2	o 3	o 4	o 5

CRUST SIZE	CRUST		CRUST				
THIN	o BUTTERY	o CRISPY	o 1	o 2	o 3	o 4	o 5
MEDIUM	o SPONGY	o BUBBLY					
LARGE	o CHEWY	o OTHER	**STYLE** o NY o CHICAGO o OTHER				

COMMENTS

MY RATING	o1 o2 o3 o4 o5 o6 o7 o8 o9 o10	EAT AGAIN?	o YES o NO

Pizza Log

DATE	
PIZZERIA	
NEIGHBORHOOD	
BEVERAGE PAIRING	

TOPPINGS

o CHEESE	o MUSHROOMS	o ONIONS
o PINEAPPLE	o BACON	o TUNA
o GREEN PEPPER	o SAUSAGE	o BLACK OLIVES
o OTHER		

CHEESE

o GREASY	o STINGY
o SMOKEY	o STINKY
o CREAMY	o SALTY

SAUCE

o SWEET	o SAVORY
o TANGY	o SPICY
o THIN	o CHUNKY

CHEESE TO SAUCE RATIO (CSR

CHEESE	☐☐☐☐☐☐
SAUCE	☐☐☐☐☐☐

FRESHNESS

o 1   o 2   o 3   o 4   o 5

CRUST SIZE

o THIN	o BUTTERY	o CRISPY
o MEDIUM	o SPONGY	o BUBBLY
o LARGE	o CHEWY	o OTHER

CRUST

o 1   o 2   o 3   o 4   o 5

STYLE	o NY o CHICAGO o OTHER

COMMENTS

MY RATING	o1 o2 o3 o4 o5 o6 o7 o8 o9 o10	EAT AGAIN?	o YES o NO

Pizza Log

E	
ZERIA	
GHBORHOOD	
ERAGE PAIRING	

TOPPINGS			CHEESE	
HEESE	o MUSHROOMS	o ONIONS	o GREASY	o STINGY
INEAPPLE	o BACON	o TUNA	o SMOKEY	o STINKY
REEN PEPPER	o SAUSAGE	o BLACK OLIVES	o CREAMY	o SALTY
THER			**SAUCE**	
			o SWEET	o SAVORY
			o TANGY	o SPICY
			o THIN	o CHUNKY
			CHEESE TO SAUCE RATIO (CSR)	
FRESHNESS			CHEESE	☐☐☐☐☐☐
o 1 o 2 o 3 o 4 o 5			SAUCE	☐☐☐☐☐☐

CRUST SIZE	CRUST		CRUST	
HIN	o BUTTERY	o CRISPY	o 1 o 2 o 3 o 4 o 5	
EDIUM	o SPONGY	o BUBBLY		
ARGE	o CHEWY	o OTHER	**STYLE**	o NY o CHICAGO o OTHER

COMMENTS

MY RATING	o1 o2 o3 o4 o5 o6 o7 o8 o9 o10	**EAT AGAIN?**	o YES o NO

Pizza Log

DATE	
PIZZERIA	
NEIGHBORHOOD	
BEVERAGE PAIRING	

TOPPINGS			CHEESE	
o CHEESE	o MUSHROOMS	o ONIONS	o GREASY	o STINGY
o PINEAPPLE	o BACON	o TUNA	o SMOKEY	o STINKY
o GREEN PEPPER	o SAUSAGE	o BLACK OLIVES	o CREAMY	o SALTY
o OTHER			**SAUCE**	
			o SWEET	o SAVORY
			o TANGY	o SPICY
			o THIN	o CHUNKY

CHEESE TO SAUCE RATIO (CS

FRESHNESS					CHEESE	☐☐☐☐☐
o 1	o 2	o 3	o 4	o 5	SAUCE	☐☐☐☐☐

CRUST SIZE	CRUST		CRUST				
o THIN	o BUTTERY	o CRISPY	o 1	o 2	o 3	o 4	o 5
o MEDIUM	o SPONGY	o BUBBLY					
o LARGE	o CHEWY	o OTHER	STYLE	o NY	o CHICAGO	o OTHER	

COMMENTS

MY RATING	o 1 o 2 o 3 o 4 o 5 o 6 o 7 o 8 o 9 o 10	EAT AGAIN?	o YES	o NO

Pizza Log

ATE	
IZZERIA	
EIGHBORHOOD	
EVERAGE PAIRING	

TOPPINGS			CHEESE	
CHEESE	o MUSHROOMS	o ONIONS	o GREASY	o STINGY
PINEAPPLE	o BACON	o TUNA	o SMOKEY	o STINKY
GREEN PEPPER	o SAUSAGE	o BLACK OLIVES	o CREAMY	o SALTY

OTHER	SAUCE	
	o SWEET	o SAVORY
	o TANGY	o SPICY
	o THIN	o CHUNKY

	CHEESE TO SAUCE RATIO (CSR)	
FRESHNESS	CHEESE	☐☐☐☐☐☐☐
o 1 o 2 o 3 o 4 o 5	SAUCE	☐☐☐☐☐☐☐

CRUST SIZE	CRUST		CRUST
THIN	o BUTTERY	o CRISPY	o 1 o 2 o 3 o 4 o 5
MEDIUM	o SPONGY	o BUBBLY	
LARGE	o CHEWY	o OTHER	STYLE o NY o CHICAGO o OTHER

COMMENTS

MY RATING	o 1 o 2 o 3 o 4 o 5 o 6 o 7 o 8 o 9 o 10	EAT AGAIN?	o YES o NO

Pizza Log

DATE	
PIZZERIA	
NEIGHBORHOOD	
BEVERAGE PAIRING	

TOPPINGS			CHEESE	
o CHEESE	o MUSHROOMS	o ONIONS	o GREASY	o STINGY
o PINEAPPLE	o BACON	o TUNA	o SMOKEY	o STINKY
o GREEN PEPPER	o SAUSAGE	o BLACK OLIVES	o CREAMY	o SALTY
o OTHER			**SAUCE**	
			o SWEET	o SAVORY
			o TANGY	o SPICY
			o THIN	o CHUNKY

		CHEESE TO SAUCE RATIO (CSR)	
		CHEESE	□□□□□□
FRESHNESS		SAUCE	□□□□□□
o1 o2 o3 o4 o5			

CRUST SIZE	CRUST		CRUST
o THIN	o BUTTERY	o CRISPY	o1 o2 o3 o4 o5
o MEDIUM	o SPONGY	o BUBBLY	
o LARGE	o CHEWY	o OTHER	**STYLE** o NY o CHICAGO o OTHER

COMMENTS

MY RATING	o1 o2 o3 o4 o5 o6 o7 o8 o9 o10	EAT AGAIN?	o YES o NO

Pizza Log

TE	
ZZERIA	
IGHBORHOOD	
VERAGE PAIRING	

TOPPINGS			CHEESE	
CHEESE	o MUSHROOMS	o ONIONS	o GREASY	o STINGY
PINEAPPLE	o BACON	o TUNA	o SMOKEY	o STINKY
GREEN PEPPER	o SAUSAGE	o BLACK OLIVES	o CREAMY	o SALTY
OTHER			**SAUCE**	
			o SWEET	o SAVORY
			o TANGY	o SPICY
			o THIN	o CHUNKY

CHEESE TO SAUCE RATIO (CSR)		
FRESHNESS	CHEESE	☐☐☐☐☐☐
o 1 o 2 o 3 o 4 o 5	SAUCE	☐☐☐☐☐☐

CRUST SIZE	CRUST		CRUST	
THIN	o BUTTERY	o CRISPY	o 1 o 2 o 3 o 4 o 5	
MEDIUM	o SPONGY	o BUBBLY		
LARGE	o CHEWY	o OTHER	**STYLE** o NY o CHICAGO o OTHER	

COMMENTS

MY RATING	o1 o2 o3 o4 o5 o6 o7 o8 o9 o10	EAT AGAIN?	o YES o NO

Pizza Log

DATE	
PIZZERIA	
NEIGHBORHOOD	
BEVERAGE PAIRING	

TOPPINGS

o CHEESE	o MUSHROOMS	o ONIONS
o PINEAPPLE	o BACON	o TUNA
o GREEN PEPPER	o SAUSAGE	o BLACK OLIVES
o OTHER		

CHEESE

o GREASY	o STINGY
o SMOKEY	o STINKY
o CREAMY	o SALTY

SAUCE

o SWEET	o SAVORY
o TANGY	o SPICY
o THIN	o CHUNKY

CHEESE TO SAUCE RATIO (CSR

CHEESE	□ □ □ □ □ □
SAUCE	□ □ □ □ □ □

FRESHNESS

o 1   o 2   o 3   o 4   o 5

CRUST SIZE

o THIN
o MEDIUM
o LARGE

CRUST

o BUTTERY	o CRISPY
o SPONGY	o BUBBLY
o CHEWY	o OTHER

CRUST

o 1   o 2   o 3   o 4   o 5

STYLE o NY o CHICAGO o OTHER

COMMENTS

MY RATING	o1 o2 o3 o4 o5 o6 o7 o8 o9 o10	**EAT AGAIN?**	o YES o NO

Pizza Log

E	
ZERIA	
GHBORHOOD	
ERAGE PAIRING	

TOPPINGS			CHEESE	
HEESE	o MUSHROOMS	o ONIONS	o GREASY	o STINGY
NEAPPLE	o BACON	o TUNA	o SMOKEY	o STINKY
REEN PEPPER	o SAUSAGE	o BLACK OLIVES	o CREAMY	o SALTY
THER			**SAUCE**	
			o SWEET	o SAVORY
			o TANGY	o SPICY
			o THIN	o CHUNKY

		CHEESE TO SAUCE RATIO (CSR)	
FRESHNESS		CHEESE	☐☐☐☐☐☐☐
o 1 o 2 o 3 o 4 o 5		SAUCE	☐☐☐☐☐☐☐

CRUST SIZE	CRUST		CRUST	
HIN	o BUTTERY	o CRISPY	o 1 o 2 o 3 o 4 o 5	
EDIUM	o SPONGY	o BUBBLY		
ARGE	o CHEWY	o OTHER	**STYLE**	o NY o CHICAGO o OTHER

COMMENTS

MY RATING	o1 o2 o3 o4 o5 o6 o7 o8 o9 o10	EAT AGAIN?	o YES o NO

Pizza Log

DATE	
PIZZERIA	
NEIGHBORHOOD	
BEVERAGE PAIRING	

TOPPINGS			CHEESE	
o CHEESE	o MUSHROOMS	o ONIONS	o GREASY	o STINGY
o PINEAPPLE	o BACON	o TUNA	o SMOKEY	o STINKY
o GREEN PEPPER	o SAUSAGE	o BLACK OLIVES	o CREAMY	o SALTY
o OTHER			**SAUCE**	
			o SWEET	o SAVORY
			o TANGY	o SPICY
			o THIN	o CHUNKY
			CHEESE TO SAUCE RATIO (CS	

FRESHNESS					CHEESE	▢▢▢▢▢
o 1	o 2	o 3	o 4	o 5	SAUCE	▢▢▢▢▢

CRUST SIZE	CRUST		CRUST				
o THIN	o BUTTERY	o CRISPY	o 1	o 2	o 3	o 4	o 5
o MEDIUM	o SPONGY	o BUBBLY					
o LARGE	o CHEWY	o OTHER	**STYLE**	o NY	o CHICAGO	o OTHER	

COMMENTS

MY RATING	o 1 o 2 o 3 o 4 o 5 o 6 o 7 o 8 o 9 o 10	EAT AGAIN?	o YES	o NO

Pizza Log

DATE	
PIZZERIA	
NEIGHBORHOOD	
BEVERAGE PAIRING	

TOPPINGS			CHEESE	
o CHEESE	o MUSHROOMS	o ONIONS	o GREASY	o STINGY
o PINEAPPLE	o BACON	o TUNA	o SMOKEY	o STINKY
o GREEN PEPPER	o SAUSAGE	o BLACK OLIVES	o CREAMY	o SALTY
o OTHER			**SAUCE**	
			o SWEET	o SAVORY
			o TANGY	o SPICY
			o THIN	o CHUNKY

CHEESE TO SAUCE RATIO (CSR)

CHEESE	☐ ☐ ☐ ☐ ☐ ☐
SAUCE	☐ ☐ ☐ ☐ ☐ ☐

FRESHNESS
o 1   o 2   o 3   o 4   o 5

CRUST SIZE	CRUST		CRUST
o THIN	o BUTTERY	o CRISPY	o 1 o 2 o 3 o 4 o 5
o MEDIUM	o SPONGY	o BUBBLY	
o LARGE	o CHEWY	o OTHER	**STYLE** o NY o CHICAGO o OTHER

COMMENTS

MY RATING	o 1 o 2 o 3 o 4 o 5 o 6 o 7 o 8 o 9 o 10	EAT AGAIN?	o YES o NO

Pizza Log

DATE	
PIZZERIA	
NEIGHBORHOOD	
BEVERAGE PAIRING	

TOPPINGS			CHEESE	
o CHEESE	o MUSHROOMS	o ONIONS	o GREASY	o STINGY
o PINEAPPLE	o BACON	o TUNA	o SMOKEY	o STINKY
o GREEN PEPPER	o SAUSAGE	o BLACK OLIVES	o CREAMY	o SALTY
o OTHER			**SAUCE**	
			o SWEET	o SAVORY
			o TANGY	o SPICY
			o THIN	o CHUNKY

CHEESE TO SAUCE RATIO (CSR)

CHEESE	☐☐☐☐☐☐
SAUCE	☐☐☐☐☐☐

FRESHNESS

o 1   o 2   o 3   o 4   o 5

CRUST SIZE	CRUST		CRUST
o THIN	o BUTTERY	o CRISPY	o 1 o 2 o 3 o 4 o 5
o MEDIUM	o SPONGY	o BUBBLY	
o LARGE	o CHEWY	o OTHER	**STYLE** o NY o CHICAGO o OTHER

COMMENTS

MY RATING	o 1 o 2 o 3 o 4 o 5 o 6 o 7 o 8 o 9 o 10	EAT AGAIN?	o YES o NO

Pizza Log

TE	
ZZERIA	
EIGHBORHOOD	
EVERAGE PAIRING	

TOPPINGS			CHEESE	
CHEESE	o MUSHROOMS	o ONIONS	o GREASY	o STINGY
PINEAPPLE	o BACON	o TUNA	o SMOKEY	o STINKY
GREEN PEPPER	o SAUSAGE	o BLACK OLIVES	o CREAMY	o SALTY
OTHER			SAUCE	
			o SWEET	o SAVORY
			o TANGY	o SPICY
			o THIN	o CHUNKY

CHEESE TO SAUCE RATIO (CSR)		
	CHEESE	☐ ☐ ☐ ☐ ☐ ☐

FRESHNESS					SAUCE	☐ ☐ ☐ ☐ ☐ ☐
o 1	o 2	o 3	o 4	o 5		

CRUST SIZE	CRUST		CRUST				
THIN	o BUTTERY	o CRISPY	o 1	o 2	o 3	o 4	o 5
MEDIUM	o SPONGY	o BUBBLY					
LARGE	o CHEWY	o OTHER	STYLE o NY o CHICAGO o OTHER				

COMMENTS

MY RATING	o1 o2 o3 o4 o5 o6 o7 o8 o9 o10	EAT AGAIN?	o YES o NO

Pizza Log

DATE	
PIZZERIA	
NEIGHBORHOOD	
BEVERAGE PAIRING	

TOPPINGS

o CHEESE	o MUSHROOMS	o ONIONS
o PINEAPPLE	o BACON	o TUNA
o GREEN PEPPER	o SAUSAGE	o BLACK OLIVES
o OTHER		

CHEESE

o GREASY	o STINGY
o SMOKEY	o STINKY
o CREAMY	o SALTY

SAUCE

o SWEET	o SAVORY
o TANGY	o SPICY
o THIN	o CHUNKY

CHEESE TO SAUCE RATIO (CSR

CHEESE	☐☐☐☐☐☐
SAUCE	☐☐☐☐☐☐

FRESHNESS

o 1　　o 2　　o 3　　o 4　　o 5

CRUST SIZE

CRUST SIZE	CRUST	
o THIN	o BUTTERY	o CRISPY
o MEDIUM	o SPONGY	o BUBBLY
o LARGE	o CHEWY	o OTHER

CRUST

o 1　　o 2　　o 3　　o 4　　o 5

STYLE　o NY　o CHICAGO　o OTHER

COMMENTS

MY RATING	o1 o2 o3 o4 o5 o6 o7 o8 o9 o10	EAT AGAIN?	o YES　o NO

Pizza Log

E	
ZERIA	
GHBORHOOD	
ERAGE PAIRING	

TOPPINGS			CHEESE	
HEESE	o MUSHROOMS	o ONIONS	o GREASY	o STINGY
NEAPPLE	o BACON	o TUNA	o SMOKEY	o STINKY
REEN PEPPER	o SAUSAGE	o BLACK OLIVES	o CREAMY	o SALTY
THER			**SAUCE**	
			o SWEET	o SAVORY
			o TANGY	o SPICY
			o THIN	o CHUNKY
			CHEESE TO SAUCE RATIO (CSR)	
FRESHNESS			CHEESE	☐☐☐☐☐☐
o 1 o 2 o 3 o 4 o 5			SAUCE	☐☐☐☐☐☐

CRUST SIZE	CRUST		CRUST	
HIN	o BUTTERY	o CRISPY	o 1 o 2 o 3 o 4 o 5	
EDIUM	o SPONGY	o BUBBLY		
ARGE	o CHEWY	o OTHER	**STYLE**	o NY o CHICAGO o OTHER

COMMENTS

MY RATING	o1 o2 o3 o4 o5 o6 o7 o8 o9 o10	EAT AGAIN?	o YES o NO

Pizza Log

DATE	
PIZZERIA	
NEIGHBORHOOD	
BEVERAGE PAIRING	

TOPPINGS			CHEESE	
o CHEESE	o MUSHROOMS	o ONIONS	o GREASY	o STINGY
o PINEAPPLE	o BACON	o TUNA	o SMOKEY	o STINKY
o GREEN PEPPER	o SAUSAGE	o BLACK OLIVES	o CREAMY	o SALTY
o OTHER			**SAUCE**	
			o SWEET	o SAVORY
			o TANGY	o SPICY
			o THIN	o CHUNKY

CHEESE TO SAUCE RATIO (CS

FRESHNESS					CHEESE	☐☐☐☐☐
o1	o2	o3	o4	o5	SAUCE	☐☐☐☐☐

CRUST SIZE	CRUST		CRUST				
o THIN	o BUTTERY	o CRISPY	o1	o2	o3	o4	o5
o MEDIUM	o SPONGY	o BUBBLY					
o LARGE	o CHEWY	o OTHER	**STYLE** o NY o CHICAGO o OTHER				

COMMENTS

MY RATING	o1 o2 o3 o4 o5 o6 o7 o8 o9 o10	EAT AGAIN?	o YES	o NO

Pizza Log

DATE	
PIZZERIA	
NEIGHBORHOOD	
BEVERAGE PAIRING	

TOPPINGS			CHEESE	
o CHEESE	o MUSHROOMS	o ONIONS	o GREASY	o STINGY
o PINEAPPLE	o BACON	o TUNA	o SMOKEY	o STINKY
o GREEN PEPPER	o SAUSAGE	o BLACK OLIVES	o CREAMY	o SALTY
o OTHER			**SAUCE**	
			o SWEET	o SAVORY
			o TANGY	o SPICY
			o THIN	o CHUNKY

CHEESE TO SAUCE RATIO (CSR)

CHEESE	☐ ☐ ☐ ☐ ☐ ☐
SAUCE	☐ ☐ ☐ ☐ ☐ ☐

FRESHNESS

o1   o2   o3   o4   o5

CRUST SIZE	CRUST		CRUST
o THIN	o BUTTERY	o CRISPY	o1 o2 o3 o4 o5
o MEDIUM	o SPONGY	o BUBBLY	
o LARGE	o CHEWY	o OTHER	**STYLE** o NY o CHICAGO o OTHER

COMMENTS

MY RATING	o1 o2 o3 o4 o5 o6 o7 o8 o9 o10	EAT AGAIN?	o YES o NO

Pizza Log

DATE	
PIZZERIA	
NEIGHBORHOOD	
BEVERAGE PAIRING	

TOPPINGS			CHEESE	
o CHEESE	o MUSHROOMS	o ONIONS	o GREASY	o STINGY
o PINEAPPLE	o BACON	o TUNA	o SMOKEY	o STINKY
o GREEN PEPPER	o SAUSAGE	o BLACK OLIVES	o CREAMY	o SALTY
o OTHER			**SAUCE**	
			o SWEET	o SAVORY
			o TANGY	o SPICY
			o THIN	o CHUNKY

CHEESE TO SAUCE RATIO (CSR)	
CHEESE	☐☐☐☐☐☐
SAUCE	☐☐☐☐☐☐

FRESHNESS
o 1   o 2   o 3   o 4   o 5

CRUST SIZE	CRUST		CRUST
o THIN	o BUTTERY	o CRISPY	o 1 o 2 o 3 o 4 o 5
o MEDIUM	o SPONGY	o BUBBLY	
o LARGE	o CHEWY	o OTHER	**STYLE** o NY o CHICAGO o OTHER

COMMENTS

MY RATING	o 1 o 2 o 3 o 4 o 5 o 6 o 7 o 8 o 9 o 10	EAT AGAIN?	o YES o NO

Pizza Log

TE	
ZZERIA	
IGHBORHOOD	
VERAGE PAIRING	

TOPPINGS			CHEESE	
CHEESE	o MUSHROOMS	o ONIONS	o GREASY	o STINGY
PINEAPPLE	o BACON	o TUNA	o SMOKEY	o STINKY
GREEN PEPPER	o SAUSAGE	o BLACK OLIVES	o CREAMY	o SALTY
OTHER			SAUCE	
			o SWEET	o SAVORY
			o TANGY	o SPICY
			o THIN	o CHUNKY

CHEESE TO SAUCE RATIO (CSR)

CHEESE	☐ ☐ ☐ ☐ ☐ ☐
SAUCE	☐ ☐ ☐ ☐ ☐ ☐

FRESHNESS

o 1   o 2   o 3   o 4   o 5

CRUST SIZE	CRUST		CRUST
THIN	o BUTTERY	o CRISPY	o 1 o 2 o 3 o 4 o 5
MEDIUM	o SPONGY	o BUBBLY	
LARGE	o CHEWY	o OTHER	**STYLE** o NY o CHICAGO o OTHER

COMMENTS

MY RATING	o1 o2 o3 o4 o5 o6 o7 o8 o9 o10	EAT AGAIN?	o YES o NO

Pizza Log

DATE	
PIZZERIA	
NEIGHBORHOOD	
BEVERAGE PAIRING	

TOPPINGS			CHEESE	
o CHEESE	o MUSHROOMS	o ONIONS	o GREASY	o STINGY
o PINEAPPLE	o BACON	o TUNA	o SMOKEY	o STINKY
o GREEN PEPPER	o SAUSAGE	o BLACK OLIVES	o CREAMY	o SALTY
o OTHER			**SAUCE**	
			o SWEET	o SAVORY
			o TANGY	o SPICY
			o THIN	o CHUNKY

CHEESE TO SAUCE RATIO (CSR

	CHEESE	□□□□□□
FRESHNESS	SAUCE	□□□□□□

FRESHNESS: o 1   o 2   o 3   o 4   o 5

CRUST SIZE	CRUST		CRUST
o THIN	o BUTTERY	o CRISPY	o 1 o 2 o 3 o 4 o 5
o MEDIUM	o SPONGY	o BUBBLY	
o LARGE	o CHEWY	o OTHER	**STYLE** o NY o CHICAGO o OTHER

COMMENTS

MY RATING	o 1 o 2 o 3 o 4 o 5 o 6 o 7 o 8 o 9 o 10	EAT AGAIN?	o YES o NO

Pizza Log

E	
ZERIA	
GHBORHOOD	
ERAGE PAIRING	

TOPPINGS			CHEESE	
HEESE	o MUSHROOMS	o ONIONS	o GREASY	o STINGY
NEAPPLE	o BACON	o TUNA	o SMOKEY	o STINKY
REEN PEPPER	o SAUSAGE	o BLACK OLIVES	o CREAMY	o SALTY
THER			**SAUCE**	
			o SWEET	o SAVORY
			o TANGY	o SPICY
			o THIN	o CHUNKY

CHEESE TO SAUCE RATIO (CSR)

FRESHNESS					CHEESE	☐ ☐ ☐ ☐ ☐ ☐
o 1	o 2	o 3	o 4	o 5	SAUCE	☐ ☐ ☐ ☐ ☐ ☐

CRUST SIZE	CRUST		CRUST				
HIN	o BUTTERY	o CRISPY	o 1	o 2	o 3	o 4	o 5
EDIUM	o SPONGY	o BUBBLY					
ARGE	o CHEWY	o OTHER	**STYLE** o NY o CHICAGO o OTHER				

COMMENTS

MY RATING	o 1 o 2 o 3 o 4 o 5 o 6 o 7 o 8 o 9 o 10	**EAT AGAIN?**	o YES o NO

Pizza Log

DATE	
PIZZERIA	
NEIGHBORHOOD	
BEVERAGE PAIRING	

TOPPINGS			CHEESE	
o CHEESE	o MUSHROOMS	o ONIONS	o GREASY	o STINGY
o PINEAPPLE	o BACON	o TUNA	o SMOKEY	o STINKY
o GREEN PEPPER	o SAUSAGE	o BLACK OLIVES	o CREAMY	o SALTY
o OTHER			**SAUCE**	
			o SWEET	o SAVORY
			o TANGY	o SPICY
			o THIN	o CHUNKY
			CHEESE TO SAUCE RATIO (CS	

FRESHNESS					CHEESE	☐☐☐☐☐
o 1	o 2	o 3	o 4	o 5	SAUCE	☐☐☐☐☐

CRUST SIZE	CRUST		CRUST	
o THIN	o BUTTERY	o CRISPY	o 1 o 2 o 3 o 4 o 5	
o MEDIUM	o SPONGY	o BUBBLY	**STYLE**	o NY o CHICAGO o OTHER
o LARGE	o CHEWY	o OTHER		

COMMENTS

MY RATING	o1 o2 o3 o4 o5 o6 o7 o8 o9 o10	EAT AGAIN?	o YES	o NO

Pizza Log

DATE	
PIZZERIA	
NEIGHBORHOOD	
BEVERAGE PAIRING	

TOPPINGS			CHEESE	
o CHEESE	o MUSHROOMS	o ONIONS	o GREASY	o STINGY
o PINEAPPLE	o BACON	o TUNA	o SMOKEY	o STINKY
o GREEN PEPPER	o SAUSAGE	o BLACK OLIVES	o CREAMY	o SALTY
o OTHER			**SAUCE**	
			o SWEET	o SAVORY
			o TANGY	o SPICY
			o THIN	o CHUNKY

CHEESE TO SAUCE RATIO (CSR)	
CHEESE	▢▢▢▢▢▢
SAUCE	▢▢▢▢▢▢

FRESHNESS

o 1	o 2	o 3	o 4	o 5

CRUST SIZE	CRUST		CRUST				
o THIN	o BUTTERY	o CRISPY	o 1	o 2	o 3	o 4	o 5
o MEDIUM	o SPONGY	o BUBBLY					
o LARGE	o CHEWY	o OTHER	**STYLE**	o NY o CHICAGO o OTHER			

COMMENTS

MY RATING	o 1 o 2 o 3 o 4 o 5 o 6 o 7 o 8 o 9 o 10	EAT AGAIN?	o YES o NO

Pizza Log

DATE	
PIZZERIA	
NEIGHBORHOOD	
BEVERAGE PAIRING	

TOPPINGS			CHEESE	
o CHEESE	o MUSHROOMS	o ONIONS	o GREASY	o STINGY
o PINEAPPLE	o BACON	o TUNA	o SMOKEY	o STINKY
o GREEN PEPPER	o SAUSAGE	o BLACK OLIVES	o CREAMY	o SALTY
o OTHER			**SAUCE**	
			o SWEET	o SAVORY
			o TANGY	o SPICY
			o THIN	o CHUNKY

CHEESE TO SAUCE RATIO (CSR)

FRESHNESS					CHEESE	☐ ☐ ☐ ☐ ☐ ☐
o 1	o 2	o 3	o 4	o 5	SAUCE	☐ ☐ ☐ ☐ ☐ ☐

CRUST SIZE	CRUST		CRUST				
o THIN	o BUTTERY	o CRISPY	o 1	o 2	o 3	o 4	o 5
o MEDIUM	o SPONGY	o BUBBLY					
o LARGE	o CHEWY	o OTHER	**STYLE** o NY o CHICAGO o OTHER				

COMMENTS

MY RATING	o1 o2 o3 o4 o5 o6 o7 o8 o9 o10	EAT AGAIN?	o YES o NO

Pizza Log

TE	
ZZERIA	
EIGHBORHOOD	
EVERAGE PAIRING	

TOPPINGS			CHEESE	
CHEESE	o MUSHROOMS	o ONIONS	o GREASY	o STINGY
PINEAPPLE	o BACON	o TUNA	o SMOKEY	o STINKY
GREEN PEPPER	o SAUSAGE	o BLACK OLIVES	o CREAMY	o SALTY
OTHER			**SAUCE**	
			o SWEET	o SAVORY
			o TANGY	o SPICY
			o THIN	o CHUNKY

CHEESE TO SAUCE RATIO (CSR)

FRESHNESS					CHEESE	☐☐☐☐☐☐☐
o1	o2	o3	o4	o5	SAUCE	☐☐☐☐☐☐☐

CRUST SIZE	CRUST		CRUST				
THIN	o BUTTERY	o CRISPY	o1	o2	o3	o4	o5
MEDIUM	o SPONGY	o BUBBLY					
LARGE	o CHEWY	o OTHER	**STYLE** o NY o CHICAGO o OTHER				

COMMENTS

MY RATING	o1 o2 o3 o4 o5 o6 o7 o8 o9 o10	EAT AGAIN?	o YES o NO

Pizza Log

DATE	
PIZZERIA	
NEIGHBORHOOD	
BEVERAGE PAIRING	

TOPPINGS

o CHEESE	o MUSHROOMS	o ONIONS
o PINEAPPLE	o BACON	o TUNA
o GREEN PEPPER	o SAUSAGE	o BLACK OLIVES
o OTHER		

CHEESE

o GREASY	o STINGY
o SMOKEY	o STINKY
o CREAMY	o SALTY

SAUCE

o SWEET	o SAVORY
o TANGY	o SPICY
o THIN	o CHUNKY

CHEESE TO SAUCE RATIO (CSR

CHEESE	☐☐☐☐☐☐
SAUCE	☐☐☐☐☐☐

FRESHNESS

o 1   o 2   o 3   o 4   o 5

CRUST SIZE

o THIN	o BUTTERY	o CRISPY
o MEDIUM	o SPONGY	o BUBBLY
o LARGE	o CHEWY	o OTHER

CRUST (center) / CRUST (right)

o 1   o 2   o 3   o 4   o 5

STYLE	o NY o CHICAGO o OTHER

COMMENTS

MY RATING	o 1 o 2 o 3 o 4 o 5 o 6 o 7 o 8 o 9 o 10	EAT AGAIN?	o YES o NO

Pizza Log

E	
ZERIA	
GHBORHOOD	
ERAGE PAIRING	

TOPPINGS			CHEESE	
HEESE	o MUSHROOMS	o ONIONS	o GREASY	o STINGY
INEAPPLE	o BACON	o TUNA	o SMOKEY	o STINKY
REEN PEPPER	o SAUSAGE	o BLACK OLIVES	o CREAMY	o SALTY
THER			**SAUCE**	
			o SWEET	o SAVORY
			o TANGY	o SPICY
			o THIN	o CHUNKY

CHEESE TO SAUCE RATIO (CSR)

FRESHNESS						
o 1	o 2	o 3	o 4	o 5	CHEESE	☐☐☐☐☐☐
					SAUCE	☐☐☐☐☐☐

CRUST SIZE	CRUST		CRUST				
HIN	o BUTTERY	o CRISPY	o 1	o 2	o 3	o 4	o 5
EDIUM	o SPONGY	o BUBBLY					
ARGE	o CHEWY	o OTHER	**STYLE** o NY o CHICAGO o OTHER				

COMMENTS

MY RATING	o 1 o 2 o 3 o 4 o 5 o 6 o 7 o 8 o 9 o 10	EAT AGAIN?	o YES o NO

Pizza Log

DATE	
PIZZERIA	
NEIGHBORHOOD	
BEVERAGE PAIRING	

TOPPINGS			CHEESE	
o CHEESE	o MUSHROOMS	o ONIONS	o GREASY	o STINGY
o PINEAPPLE	o BACON	o TUNA	o SMOKEY	o STINKY
o GREEN PEPPER	o SAUSAGE	o BLACK OLIVES	o CREAMY	o SALTY
o OTHER			**SAUCE**	
			o SWEET	o SAVORY
			o TANGY	o SPICY
			o THIN	o CHUNKY

		CHEESE TO SAUCE RATIO (CS
FRESHNESS	CHEESE	□ □ □ □ □
o1 o2 o3 o4 o 5	SAUCE	□ □ □ □ □

CRUST SIZE	CRUST		CRUST
o THIN	o BUTTERY	o CRISPY	o1 o2 o3 o4 o 5
o MEDIUM	o SPONGY	o BUBBLY	
o LARGE	o CHEWY	o OTHER	**STYLE** o NY o CHICAGO o OTHER

COMMENTS

MY RATING	o1 o2 o3 o4 o5 o6 o7 o8 o9 o10	EAT AGAIN?	o YES o NO

Pizza Log

DATE	
PIZZERIA	
NEIGHBORHOOD	
BEVERAGE PAIRING	

TOPPINGS			CHEESE	
o CHEESE	o MUSHROOMS	o ONIONS	o GREASY	o STINGY
o PINEAPPLE	o BACON	o TUNA	o SMOKEY	o STINKY
o GREEN PEPPER	o SAUSAGE	o BLACK OLIVES	o CREAMY	o SALTY

OTHER	SAUCE	
	o SWEET	o SAVORY
	o TANGY	o SPICY
	o THIN	o CHUNKY

CHEESE TO SAUCE RATIO (CSR)

CHEESE	□ □ □ □ □ □	
SAUCE	□ □ □ □ □ □	

FRESHNESS	CRUST
o 1 o 2 o 3 o 4 o 5	o 1 o 2 o 3 o 4 o 5

CRUST SIZE	CRUST		CRUST
o THIN	o BUTTERY	o CRISPY	o 1 o 2 o 3 o 4 o 5
o MEDIUM	o SPONGY	o BUBBLY	
o LARGE	o CHEWY	o OTHER	STYLE o NY o CHICAGO o OTHER

COMMENTS

MY RATING	o1 o2 o3 o4 o5 o6 o7 o8 o9 o10	EAT AGAIN?	o YES o NO

Pizza Log

DATE	
PIZZERIA	
NEIGHBORHOOD	
BEVERAGE PAIRING	

TOPPINGS			CHEESE	
o CHEESE	o MUSHROOMS	o ONIONS	o GREASY	o STINGY
o PINEAPPLE	o BACON	o TUNA	o SMOKEY	o STINKY
o GREEN PEPPER	o SAUSAGE	o BLACK OLIVES	o CREAMY	o SALTY
o OTHER			**SAUCE**	
			o SWEET	o SAVORY
			o TANGY	o SPICY
			o THIN	o CHUNKY

CHEESE TO SAUCE RATIO (CSR)	
CHEESE	☐☐☐☐☐☐

FRESHNESS					SAUCE	☐☐☐☐☐☐
o 1	o 2	o 3	o 4	o 5		

CRUST SIZE	CRUST		CRUST				
o THIN	o BUTTERY	o CRISPY	o 1	o 2	o 3	o 4	o 5
o MEDIUM	o SPONGY	o BUBBLY					
o LARGE	o CHEWY	o OTHER	**STYLE** o NY o CHICAGO o OTHER				

COMMENTS

MY RATING	o1 o2 o3 o4 o5 o6 o7 o8 o9 o10	EAT AGAIN?	o YES	o NO

Pizza Log

ATE	
ZZERIA	
EIGHBORHOOD	
EVERAGE PAIRING	

TOPPINGS			CHEESE	
CHEESE	o MUSHROOMS	o ONIONS	o GREASY	o STINGY
PINEAPPLE	o BACON	o TUNA	o SMOKEY	o STINKY
GREEN PEPPER	o SAUSAGE	o BLACK OLIVES	o CREAMY	o SALTY
OTHER			SAUCE	
			o SWEET	o SAVORY
			o TANGY	o SPICY
			o THIN	o CHUNKY

CHEESE TO SAUCE RATIO (CSR)

FRESHNESS	CHEESE	☐☐☐☐☐☐
o 1 o 2 o 3 o 4 o 5	SAUCE	☐☐☐☐☐☐

CRUST SIZE	CRUST		CRUST
THIN	o BUTTERY	o CRISPY	o 1 o 2 o 3 o 4 o 5
MEDIUM	o SPONGY	o BUBBLY	
LARGE	o CHEWY	o OTHER	STYLE o NY o CHICAGO o OTHER

COMMENTS

MY RATING	o 1 o 2 o 3 o 4 o 5 o 6 o 7 o 8 o 9 o 10	EAT AGAIN?	o YES o NO

Pizza Log

DATE	
PIZZERIA	
NEIGHBORHOOD	
BEVERAGE PAIRING	

TOPPINGS			CHEESE	
o CHEESE	o MUSHROOMS	o ONIONS	o GREASY	o STINGY
o PINEAPPLE	o BACON	o TUNA	o SMOKEY	o STINKY
o GREEN PEPPER	o SAUSAGE	o BLACK OLIVES	o CREAMY	o SALTY
o OTHER			**SAUCE**	
			o SWEET	o SAVORY
			o TANGY	o SPICY
			o THIN	o CHUNKY

CHEESE TO SAUCE RATIO (CSR

FRESHNESS					CHEESE	☐☐☐☐☐☐
o 1	o 2	o 3	o 4	o 5	SAUCE	☐☐☐☐☐☐

CRUST SIZE	CRUST		CRUST				
o THIN	o BUTTERY	o CRISPY	o 1	o 2	o 3	o 4	o 5
o MEDIUM	o SPONGY	o BUBBLY					
o LARGE	o CHEWY	o OTHER	**STYLE** o NY o CHICAGO o OTHER				

COMMENTS

MY RATING	o 1 o 2 o 3 o 4 o 5 o 6 o 7 o 8 o 9 o 10	EAT AGAIN?	o YES o NO

Pizza Log

E	
?ERIA	
3HBORHOOD	
*ERAGE PAIRING	

TOPPINGS			CHEESE	
HEESE	o MUSHROOMS	o ONIONS	o GREASY	o STINGY
'NEAPPLE	o BACON	o TUNA	o SMOKEY	o STINKY
'REEN PEPPER	o SAUSAGE	o BLACK OLIVES	o CREAMY	o SALTY
THER			**SAUCE**	
			o SWEET	o SAVORY
			o TANGY	o SPICY
			o THIN	o CHUNKY

CHEESE TO SAUCE RATIO (CSR)

		CHEESE	☐☐☐☐☐☐
FRESHNESS		SAUCE	☐☐☐☐☐☐

FRESHNESS
o 1   o 2   o 3   o 4   o 5

CRUST SIZE	CRUST		CRUST
HIN	o BUTTERY	o CRISPY	o 1 o 2 o 3 o 4 o 5
1EDIUM	o SPONGY	o BUBBLY	
ARGE	o CHEWY	o OTHER	**STYLE** o NY o CHICAGO o OTHER

COMMENTS

MY RATING	o1 o2 o3 o4 o5 o6 o7 o8 o9 o10	EAT AGAIN?	o YES o NO

Pizza Log

DATE	
PIZZERIA	
NEIGHBORHOOD	
BEVERAGE PAIRING	

TOPPINGS			CHEESE	
o CHEESE	o MUSHROOMS	o ONIONS	o GREASY	o STINGY
o PINEAPPLE	o BACON	o TUNA	o SMOKEY	o STINKY
o GREEN PEPPER	o SAUSAGE	o BLACK OLIVES	o CREAMY	o SALTY
o OTHER			**SAUCE**	
			o SWEET	o SAVORY
			o TANGY	o SPICY
			o THIN	o CHUNKY

		CHEESE TO SAUCE RATIO (CS
	CHEESE	☐☐☐☐☐
FRESHNESS		
o 1 o 2 o 3 o 4 o 5	SAUCE	☐☐☐☐☐

CRUST SIZE	CRUST		CRUST	
o THIN	o BUTTERY	o CRISPY	o 1 o 2 o 3 o 4 o 5	
o MEDIUM	o SPONGY	o BUBBLY	**STYLE**	o NY o CHICAGO o OTHER
o LARGE	o CHEWY	o OTHER		

COMMENTS

MY RATING	o1 o2 o3 o4 o5 o6 o7 o8 o9 o10	EAT AGAIN?	o YES o NO

Pizza Log

DATE	
PIZZERIA	
NEIGHBORHOOD	
BEVERAGE PAIRING	

TOPPINGS			CHEESE	
CHEESE	o MUSHROOMS	o ONIONS	o GREASY	o STINGY
PINEAPPLE	o BACON	o TUNA	o SMOKEY	o STINKY
GREEN PEPPER	o SAUSAGE	o BLACK OLIVES	o CREAMY	o SALTY
OTHER			SAUCE	
			o SWEET	o SAVORY
			o TANGY	o SPICY
			o THIN	o CHUNKY

CHEESE TO SAUCE RATIO (CSR)	
CHEESE	☐☐☐☐☐☐
SAUCE	☐☐☐☐☐☐

FRESHNESS
o 1   o 2   o 3   o 4   o 5

CRUST SIZE	CRUST		CRUST
THIN	o BUTTERY	o CRISPY	o 1 o 2 o 3 o 4 o 5
MEDIUM	o SPONGY	o BUBBLY	
LARGE	o CHEWY	o OTHER	STYLE o NY o CHICAGO o OTHER

COMMENTS

MY RATING	o1 o2 o3 o4 o5 o6 o7 o8 o9 o10	EAT AGAIN?	o YES o NO

Pizza Log

DATE	
PIZZERIA	
NEIGHBORHOOD	
BEVERAGE PAIRING	

TOPPINGS

o CHEESE	o MUSHROOMS	o ONIONS
o PINEAPPLE	o BACON	o TUNA
o GREEN PEPPER	o SAUSAGE	o BLACK OLIVES
o OTHER		

CHEESE

o GREASY	o STINGY
o SMOKEY	o STINKY
o CREAMY	o SALTY

SAUCE

o SWEET	o SAVORY
o TANGY	o SPICY
o THIN	o CHUNKY

CHEESE TO SAUCE RATIO (CSR)

CHEESE	□ □ □ □ □ □
SAUCE	□ □ □ □ □ □

FRESHNESS

o 1   o 2   o 3   o 4   o 5

CRUST SIZE

o THIN	
o MEDIUM	
o LARGE	

CRUST

o BUTTERY	o CRISPY
o SPONGY	o BUBBLY
o CHEWY	o OTHER

CRUST

o 1   o 2   o 3   o 4   o 5

STYLE o NY o CHICAGO o OTHER

COMMENTS

MY RATING	o1 o2 o3 o4 o5 o6 o7 o8 o9 o10	EAT AGAIN?	o YES o NO

Pizza Log

TE	
ZZERIA	
EIGHBORHOOD	
VERAGE PAIRING	

TOPPINGS			CHEESE	
CHEESE	o MUSHROOMS	o ONIONS	o GREASY	o STINGY
PINEAPPLE	o BACON	o TUNA	o SMOKEY	o STINKY
GREEN PEPPER	o SAUSAGE	o BLACK OLIVES	o CREAMY	o SALTY
OTHER			**SAUCE**	
			o SWEET	o SAVORY
			o TANGY	o SPICY
			o THIN	o CHUNKY

CHEESE TO SAUCE RATIO (CSR)

CHEESE	☐ ☐ ☐ ☐ ☐ ☐
SAUCE	☐ ☐ ☐ ☐ ☐ ☐

FRESHNESS

o 1   o 2   o 3   o 4   o 5

CRUST SIZE	CRUST		CRUST
THIN	o BUTTERY	o CRISPY	o 1 o 2 o 3 o 4 o 5
MEDIUM	o SPONGY	o BUBBLY	
LARGE	o CHEWY	o OTHER	**STYLE** o NY o CHICAGO o OTHER

COMMENTS

MY RATING	o 1 o 2 o 3 o 4 o 5 o 6 o 7 o 8 o 9 o 10	EAT AGAIN?	o YES o NO

Pizza Log

DATE	
PIZZERIA	
NEIGHBORHOOD	
BEVERAGE PAIRING	

TOPPINGS			CHEESE	
o CHEESE	o MUSHROOMS	o ONIONS	o GREASY	o STINGY
o PINEAPPLE	o BACON	o TUNA	o SMOKEY	o STINKY
o GREEN PEPPER	o SAUSAGE	o BLACK OLIVES	o CREAMY	o SALTY
o OTHER			**SAUCE**	
			o SWEET	o SAVORY
			o TANGY	o SPICY
			o THIN	o CHUNKY
			CHEESE TO SAUCE RATIO (CSR	

FRESHNESS					CHEESE	☐ ☐ ☐ ☐ ☐ ☐
o 1	o 2	o 3	o 4	o 5	SAUCE	☐ ☐ ☐ ☐ ☐ ☐

CRUST SIZE	CRUST		CRUST				
o THIN	o BUTTERY	o CRISPY	o 1	o 2	o 3	o 4	o 5
o MEDIUM	o SPONGY	o BUBBLY					
o LARGE	o CHEWY	o OTHER	**STYLE**	o NY	o CHICAGO	o OTHER	

COMMENTS

MY RATING	o 1 o 2 o 3 o 4 o 5 o 6 o 7 o 8 o 9 o 10	EAT AGAIN?	o YES	o NO

Pizza Log

E	
ZERIA	
GHBORHOOD	
ERAGE PAIRING	

TOPPINGS			CHEESE	
HEESE	o MUSHROOMS	o ONIONS	o GREASY	o STINGY
NEAPPLE	o BACON	o TUNA	o SMOKEY	o STINKY
REEN PEPPER	o SAUSAGE	o BLACK OLIVES	o CREAMY	o SALTY
THER			SAUCE	
			o SWEET	o SAVORY
			o TANGY	o SPICY
			o THIN	o CHUNKY

	CHEESE TO SAUCE RATIO (CSR)	
FRESHNESS	CHEESE	▢▢▢▢▢▢▢
o 1 o 2 o 3 o 4 o 5	SAUCE	▢▢▢▢▢▢▢

CRUST SIZE	CRUST		CRUST	
HIN	o BUTTERY	o CRISPY	o 1 o 2 o 3 o 4 o 5	
EDIUM	o SPONGY	o BUBBLY		
ARGE	o CHEWY	o OTHER	STYLE	o NY o CHICAGO o OTHER

COMMENTS

MY RATING	o1 o2 o3 o4 o5 o6 o7 o8 o9 o10	EAT AGAIN?	o YES o NO

Pizza Log

DATE	
PIZZERIA	
NEIGHBORHOOD	
BEVERAGE PAIRING	

TOPPINGS			CHEESE	
o CHEESE	o MUSHROOMS	o ONIONS	o GREASY	o STINGY
o PINEAPPLE	o BACON	o TUNA	o SMOKEY	o STINKY
o GREEN PEPPER	o SAUSAGE	o BLACK OLIVES	o CREAMY	o SALTY
o OTHER			**SAUCE**	
			o SWEET	o SAVORY
			o TANGY	o SPICY
			o THIN	o CHUNKY
			CHEESE TO SAUCE RATIO (CS	
FRESHNESS			CHEESE	☐☐☐☐☐
o 1 o 2 o 3 o 4 o 5			SAUCE	☐☐☐☐☐

CRUST SIZE	CRUST		CRUST	
o THIN	o BUTTERY	o CRISPY	o 1 o 2 o 3 o 4 o 5	
o MEDIUM	o SPONGY	o BUBBLY	**STYLE**	o NY o CHICAGO o OTHER
o LARGE	o CHEWY	o OTHER		

COMMENTS

MY RATING	o1 o2 o3 o4 o5 o6 o7 o8 o9 o10	EAT AGAIN?	o YES o NO

Pizza Log

ATE	
IZZERIA	
EIGHBORHOOD	
EVERAGE PAIRING	

TOPPINGS			CHEESE	
○ CHEESE	○ MUSHROOMS	○ ONIONS	○ GREASY	○ STINGY
○ PINEAPPLE	○ BACON	○ TUNA	○ SMOKEY	○ STINKY
○ GREEN PEPPER	○ SAUSAGE	○ BLACK OLIVES	○ CREAMY	○ SALTY
○ OTHER			SAUCE	
			○ SWEET	○ SAVORY
			○ TANGY	○ SPICY
			○ THIN	○ CHUNKY

		CHEESE TO SAUCE RATIO (CSR)	
FRESHNESS		CHEESE	☐ ☐ ☐ ☐ ☐ ☐
○ 1 ○ 2 ○ 3 ○ 4 ○ 5		SAUCE	☐ ☐ ☐ ☐ ☐ ☐

CRUST SIZE	CRUST		CRUST	
○ THIN	○ BUTTERY	○ CRISPY	○ 1 ○ 2 ○ 3 ○ 4 ○ 5	
○ MEDIUM	○ SPONGY	○ BUBBLY		
○ LARGE	○ CHEWY	○ OTHER	STYLE	○ NY ○ CHICAGO ○ OTHER

COMMENTS

MY RATING	○1 ○2 ○3 ○4 ○5 ○6 ○7 ○8 ○9 ○10	EAT AGAIN?	○ YES ○ NO

Pizza Log

DATE	
PIZZERIA	
NEIGHBORHOOD	
BEVERAGE PAIRING	

TOPPINGS			CHEESE	
o CHEESE	o MUSHROOMS	o ONIONS	o GREASY	o STINGY
o PINEAPPLE	o BACON	o TUNA	o SMOKEY	o STINKY
o GREEN PEPPER	o SAUSAGE	o BLACK OLIVES	o CREAMY	o SALTY
o OTHER			SAUCE	
			o SWEET	o SAVORY
			o TANGY	o SPICY
			o THIN	o CHUNKY
			CHEESE TO SAUCE RATIO (CSR)	

FRESHNESS	CHEESE	▢▢▢▢▢▢
o 1 o 2 o 3 o 4 o 5	SAUCE	▢▢▢▢▢▢

CRUST SIZE	CRUST		CRUST
o THIN	o BUTTERY	o CRISPY	o 1 o 2 o 3 o 4 o 5
o MEDIUM	o SPONGY	o BUBBLY	
o LARGE	o CHEWY	o OTHER	STYLE o NY o CHICAGO o OTHER

COMMENTS

MY RATING	o 1 o 2 o 3 o 4 o 5 o 6 o 7 o 8 o 9 o 10	EAT AGAIN?	o YES o NO

Pizza Log

ATE	
ZZERIA	
IGHBORHOOD	
EVERAGE PAIRING	

TOPPINGS			CHEESE	
CHEESE	o MUSHROOMS	o ONIONS	o GREASY	o STINGY
PINEAPPLE	o BACON	o TUNA	o SMOKEY	o STINKY
GREEN PEPPER	o SAUSAGE	o BLACK OLIVES	o CREAMY	o SALTY
OTHER			**SAUCE**	
			o SWEET	o SAVORY
			o TANGY	o SPICY
			o THIN	o CHUNKY

			CHEESE TO SAUCE RATIO (CSR)	
FRESHNESS			CHEESE	☐☐☐☐☐☐
o 1 o 2 o 3 o 4 o 5			SAUCE	☐☐☐☐☐☐

CRUST SIZE	CRUST		CRUST	
THIN	o BUTTERY	o CRISPY	o 1 o 2 o 3 o 4 o 5	
MEDIUM	o SPONGY	o BUBBLY		
LARGE	o CHEWY	o OTHER	**STYLE**	o NY o CHICAGO o OTHER

COMMENTS

MY RATING	o1 o2 o3 o4 o5 o6 o7 o8 o9 o10	EAT AGAIN?	o YES o NO

Pizza Log

DATE	
PIZZERIA	
NEIGHBORHOOD	
BEVERAGE PAIRING	

TOPPINGS			CHEESE	
o CHEESE	o MUSHROOMS	o ONIONS	o GREASY	o STINGY
o PINEAPPLE	o BACON	o TUNA	o SMOKEY	o STINKY
o GREEN PEPPER	o SAUSAGE	o BLACK OLIVES	o CREAMY	o SALTY
o OTHER			SAUCE	
			o SWEET	o SAVORY
			o TANGY	o SPICY
			o THIN	o CHUNKY

				CHEESE TO SAUCE RATIO (CSR
FRESHNESS			CHEESE	☐☐☐☐☐☐
o 1 o 2 o 3 o 4 o 5			SAUCE	☐☐☐☐☐☐

CRUST SIZE	CRUST		CRUST	
o THIN	o BUTTERY	o CRISPY	o 1 o 2 o 3 o 4 o 5	
o MEDIUM	o SPONGY	o BUBBLY	STYLE	o NY o CHICAGO o OTHER
o LARGE	o CHEWY	o OTHER		

COMMENTS

MY RATING	o1 o2 o3 o4 o5 o6 o7 o8 o9 o10	EAT AGAIN?	o YES o NO

Pizza Log

E	
ZERIA	
GHBORHOOD	
ERAGE PAIRING	

TOPPINGS			CHEESE	
HEESE	o MUSHROOMS	o ONIONS	o GREASY	o STINGY
NEAPPLE	o BACON	o TUNA	o SMOKEY	o STINKY
REEN PEPPER	o SAUSAGE	o BLACK OLIVES	o CREAMY	o SALTY
THER			**SAUCE**	
			o SWEET	o SAVORY
			o TANGY	o SPICY
			o THIN	o CHUNKY

		CHEESE TO SAUCE RATIO (CSR)	
FRESHNESS		CHEESE	□ □ □ □ □ □ □
o1 o2 o3 o4 o5		SAUCE	□ □ □ □ □ □ □

CRUST SIZE	CRUST		CRUST	
HIN	o BUTTERY	o CRISPY	o1 o2 o3 o4 o5	
EDIUM	o SPONGY	o BUBBLY		
ARGE	o CHEWY	o OTHER	**STYLE**	o NY o CHICAGO o OTHER

COMMENTS

MY RATING	o1 o2 o3 o4 o5 o6 o7 o8 o9 o10	EAT AGAIN?	o YES o NO

Pizza Log

DATE	
PIZZERIA	
NEIGHBORHOOD	
BEVERAGE PAIRING	

TOPPINGS			CHEESE	
o CHEESE	o MUSHROOMS	o ONIONS	o GREASY	o STINGY
o PINEAPPLE	o BACON	o TUNA	o SMOKEY	o STINKY
o GREEN PEPPER	o SAUSAGE	o BLACK OLIVES	o CREAMY	o SALTY
o OTHER			**SAUCE**	
			o SWEET	o SAVORY
			o TANGY	o SPICY
			o THIN	o CHUNKY

		CHEESE TO SAUCE RATIO (CS
	CHEESE	☐ ☐ ☐ ☐ ☐

FRESHNESS					SAUCE	☐ ☐ ☐ ☐ ☐
o 1	o 2	o 3	o 4	o 5		

CRUST SIZE	CRUST		CRUST				
o THIN	o BUTTERY	o CRISPY	o 1	o 2	o 3	o 4	o 5
o MEDIUM	o SPONGY	o BUBBLY					
o LARGE	o CHEWY	o OTHER	**STYLE**	o NY o CHICAGO o OTHER			

COMMENTS

MY RATING	o1 o2 o3 o4 o5 o6 o7 o8 o9 o10	EAT AGAIN?	o YES	o NO

Pizza Log

DATE	
PIZZERIA	
NEIGHBORHOOD	
BEVERAGE PAIRING	

TOPPINGS			CHEESE	
o CHEESE	o MUSHROOMS	o ONIONS	o GREASY	o STINGY
o PINEAPPLE	o BACON	o TUNA	o SMOKEY	o STINKY
o GREEN PEPPER	o SAUSAGE	o BLACK OLIVES	o CREAMY	o SALTY
o OTHER			**SAUCE**	
			o SWEET	o SAVORY
			o TANGY	o SPICY
			o THIN	o CHUNKY

CHEESE TO SAUCE RATIO (CSR)	
CHEESE	☐☐☐☐☐☐
SAUCE	☐☐☐☐☐☐

FRESHNESS				
o 1	o 2	o 3	o 4	o 5

CRUST SIZE	CRUST		CRUST				
o THIN	o BUTTERY	o CRISPY	o 1	o 2	o 3	o 4	o 5
o MEDIUM	o SPONGY	o BUBBLY					
o LARGE	o CHEWY	o OTHER	**STYLE**	o NY	o CHICAGO	o OTHER	

COMMENTS

MY RATING	o 1 o 2 o 3 o 4 o 5 o 6 o 7 o 8 o 9 o 10	EAT AGAIN?	o YES o NO

Pizza Log

DATE	
PIZZERIA	
NEIGHBORHOOD	
BEVERAGE PAIRING	

TOPPINGS

o CHEESE	o MUSHROOMS	o ONIONS
o PINEAPPLE	o BACON	o TUNA
o GREEN PEPPER	o SAUSAGE	o BLACK OLIVES
o OTHER		

CHEESE

o GREASY	o STINGY
o SMOKEY	o STINKY
o CREAMY	o SALTY

SAUCE

o SWEET	o SAVORY
o TANGY	o SPICY
o THIN	o CHUNKY

CHEESE TO SAUCE RATIO (CSR)

CHEESE	☐ ☐ ☐ ☐ ☐ ☐
SAUCE	☐ ☐ ☐ ☐ ☐ ☐

FRESHNESS

o 1   o 2   o 3   o 4   o 5

CRUST SIZE

o THIN
o MEDIUM
o LARGE

CRUST

o BUTTERY	o CRISPY
o SPONGY	o BUBBLY
o CHEWY	o OTHER

CRUST

o 1   o 2   o 3   o 4   o 5

STYLE   o NY   o CHICAGO   o OTHER

COMMENTS

MY RATING	o1 o2 o3 o4 o5 o6 o7 o8 o9 o10	EAT AGAIN?	o YES o NO

Pizza Log

DATE	
PIZZERIA	
NEIGHBORHOOD	
BEVERAGE PAIRING	

TOPPINGS			CHEESE	
CHEESE	o MUSHROOMS	o ONIONS	o GREASY	o STINGY
PINEAPPLE	o BACON	o TUNA	o SMOKEY	o STINKY
GREEN PEPPER	o SAUSAGE	o BLACK OLIVES	o CREAMY	o SALTY
OTHER			**SAUCE**	
			o SWEET	o SAVORY
			o TANGY	o SPICY
			o THIN	o CHUNKY

CHEESE TO SAUCE RATIO (CSR)	
CHEESE	☐ ☐ ☐ ☐ ☐ ☐
SAUCE	☐ ☐ ☐ ☐ ☐ ☐

FRESHNESS

o 1   o 2   o 3   o 4   o 5

CRUST SIZE	CRUST		CRUST
THIN	o BUTTERY	o CRISPY	o 1 o 2 o 3 o 4 o 5
MEDIUM	o SPONGY	o BUBBLY	
LARGE	o CHEWY	o OTHER	**STYLE** o NY o CHICAGO o OTHER

COMMENTS

MY RATING	o1 o2 o3 o4 o5 o6 o7 o8 o9 o10	EAT AGAIN?	o YES o NO

Pizza Log

DATE	
PIZZERIA	
NEIGHBORHOOD	
BEVERAGE PAIRING	

TOPPINGS			CHEESE	
o CHEESE	o MUSHROOMS	o ONIONS	o GREASY	o STINGY
o PINEAPPLE	o BACON	o TUNA	o SMOKEY	o STINKY
o GREEN PEPPER	o SAUSAGE	o BLACK OLIVES	o CREAMY	o SALTY
o OTHER			**SAUCE**	
			o SWEET	o SAVORY
			o TANGY	o SPICY
			o THIN	o CHUNKY

		CHEESE TO SAUCE RATIO (CSR
	CHEESE	☐☐☐☐☐☐
FRESHNESS	SAUCE	☐☐☐☐☐☐

FRESHNESS
o1   o2   o3   o4   o 5

CRUST SIZE	CRUST		CRUST
o THIN	o BUTTERY	o CRISPY	o1 o2 o3 o4 o 5
o MEDIUM	o SPONGY	o BUBBLY	
o LARGE	o CHEWY	o OTHER	**STYLE** o NY o CHICAGO o OTHER

COMMENTS

MY RATING	o1 o2 o3 o4 o5 o6 o7 o8 o9 o10	EAT AGAIN?	o YES o NO

Pizza Log

E	
?ERIA	
GHBORHOOD	
'ERAGE PAIRING	

TOPPINGS			CHEESE	
HEESE	o MUSHROOMS	o ONIONS	o GREASY	o STINGY
NEAPPLE	o BACON	o TUNA	o SMOKEY	o STINKY
REEN PEPPER	o SAUSAGE	o BLACK OLIVES	o CREAMY	o SALTY
THER			**SAUCE**	
			o SWEET	o SAVORY
			o TANGY	o SPICY
			o THIN	o CHUNKY

CHEESE TO SAUCE RATIO (CSR)

FRESHNESS					CHEESE	▢▢▢▢▢▢
o 1	o 2	o 3	o 4	o 5	SAUCE	▢▢▢▢▢▢

CRUST SIZE	CRUST		CRUST	
HIN	o BUTTERY	o CRISPY	o 1 o 2 o 3 o 4 o 5	
EDIUM	o SPONGY	o BUBBLY		
ARGE	o CHEWY	o OTHER	**STYLE**	o NY o CHICAGO o OTHER

COMMENTS

MY RATING	o1 o2 o3 o4 o5 o6 o7 o8 o9 o10	EAT AGAIN?	o YES o NO

Pizza Log

DATE	
PIZZERIA	
NEIGHBORHOOD	
BEVERAGE PAIRING	

TOPPINGS			CHEESE	
o CHEESE	o MUSHROOMS	o ONIONS	o GREASY	o STINGY
o PINEAPPLE	o BACON	o TUNA	o SMOKEY	o STINKY
o GREEN PEPPER	o SAUSAGE	o BLACK OLIVES	o CREAMY	o SALTY
o OTHER			**SAUCE**	
			o SWEET	o SAVORY
			o TANGY	o SPICY
			o THIN	o CHUNKY

CHEESE TO SAUCE RATIO (CS

FRESHNESS					CHEESE	☐☐☐☐☐
o 1	o 2	o 3	o 4	o 5	SAUCE	☐☐☐☐☐

CRUST SIZE	CRUST		CRUST				
o THIN	o BUTTERY	o CRISPY	o 1	o 2	o 3	o 4	o 5
o MEDIUM	o SPONGY	o BUBBLY	**STYLE**	o NY	o CHICAGO	o OTHER	
o LARGE	o CHEWY	o OTHER					

COMMENTS

MY RATING	o 1 o 2 o 3 o 4 o 5 o 6 o 7 o 8 o 9 o 10	EAT AGAIN?	o YES	o NO

Pizza Log

ATE	
IZZERIA	
EIGHBORHOOD	
EVERAGE PAIRING	

TOPPINGS			CHEESE	
CHEESE	o MUSHROOMS	o ONIONS	o GREASY	o STINGY
PINEAPPLE	o BACON	o TUNA	o SMOKEY	o STINKY
GREEN PEPPER	o SAUSAGE	o BLACK OLIVES	o CREAMY	o SALTY
OTHER			**SAUCE**	
			o SWEET	o SAVORY
			o TANGY	o SPICY
			o THIN	o CHUNKY

CHEESE TO SAUCE RATIO (CSR)

CHEESE	□ □ □ □ □ □
SAUCE	□ □ □ □ □ □

FRESHNESS

o 1 o 2 o 3 o 4 o 5

CRUST SIZE	CRUST		CRUST
THIN	o BUTTERY	o CRISPY	o 1 o 2 o 3 o 4 o 5
MEDIUM	o SPONGY	o BUBBLY	
LARGE	o CHEWY	o OTHER	**STYLE** o NY o CHICAGO o OTHER

COMMENTS

MY RATING	o1 o2 o3 o4 o5 o6 o7 o8 o9 o10	EAT AGAIN?	o YES o NO

Pizza Log

DATE	

PIZZERIA	

NEIGHBORHOOD	

BEVERAGE PAIRING	

TOPPINGS

o CHEESE	o MUSHROOMS	o ONIONS
o PINEAPPLE	o BACON	o TUNA
o GREEN PEPPER	o SAUSAGE	o BLACK OLIVES
o OTHER		

CHEESE

o GREASY	o STINGY
o SMOKEY	o STINKY
o CREAMY	o SALTY

SAUCE

o SWEET	o SAVORY
o TANGY	o SPICY
o THIN	o CHUNKY

CHEESE TO SAUCE RATIO (CSR)

CHEESE	☐ ☐ ☐ ☐ ☐ ☐
SAUCE	☐ ☐ ☐ ☐ ☐ ☐

FRESHNESS

o 1   o 2   o 3   o 4   o 5

CRUST SIZE

o THIN	
o MEDIUM	
o LARGE	

CRUST

o BUTTERY	o CRISPY
o SPONGY	o BUBBLY
o CHEWY	o OTHER

CRUST

o 1   o 2   o 3   o 4   o 5

STYLE	o NY o CHICAGO o OTHER

COMMENTS

MY RATING	o1 o2 o3 o4 o5 o6 o7 o8 o9 o10	EAT AGAIN?	o YES o NO

Pizza Log

TE	
ZZERIA	
IGHBORHOOD	
VERAGE PAIRING	

TOPPINGS			CHEESE	
CHEESE	o MUSHROOMS	o ONIONS	o GREASY	o STINGY
PINEAPPLE	o BACON	o TUNA	o SMOKEY	o STINKY
GREEN PEPPER	o SAUSAGE	o BLACK OLIVES	o CREAMY	o SALTY
OTHER			SAUCE	
			o SWEET	o SAVORY
			o TANGY	o SPICY
			o THIN	o CHUNKY

CHEESE TO SAUCE RATIO (CSR)	
CHEESE	☐ ☐ ☐ ☐ ☐ ☐
SAUCE	☐ ☐ ☐ ☐ ☐ ☐

FRESHNESS

o 1   o 2   o 3   o 4   o 5

CRUST SIZE	CRUST		CRUST
THIN	o BUTTERY	o CRISPY	o 1 o 2 o 3 o 4 o 5
MEDIUM	o SPONGY	o BUBBLY	
LARGE	o CHEWY	o OTHER	STYLE o NY o CHICAGO o OTHER

COMMENTS

MY RATING	o 1 o 2 o 3 o 4 o 5 o 6 o 7 o 8 o 9 o 10	EAT AGAIN?	o YES o NO

Pizza Log

DATE	
PIZZERIA	
NEIGHBORHOOD	
BEVERAGE PAIRING	

TOPPINGS			CHEESE	
o CHEESE	o MUSHROOMS	o ONIONS	o GREASY	o STINGY
o PINEAPPLE	o BACON	o TUNA	o SMOKEY	o STINKY
o GREEN PEPPER	o SAUSAGE	o BLACK OLIVES	o CREAMY	o SALTY

TOPPINGS (cont.)	SAUCE	
o OTHER		
	o SWEET	o SAVORY
	o TANGY	o SPICY
	o THIN	o CHUNKY

CHEESE TO SAUCE RATIO (CSR)

FRESHNESS	CHEESE	□□□□□□
o1 o2 o3 o4 o5	SAUCE	□□□□□□

CRUST SIZE	CRUST		CRUST
o THIN	o BUTTERY	o CRISPY	o1 o2 o3 o4 o5
o MEDIUM	o SPONGY	o BUBBLY	
o LARGE	o CHEWY	o OTHER	STYLE o NY o CHICAGO o OTHER

COMMENTS

MY RATING	o1 o2 o3 o4 o5 o6 o7 o8 o9 o10	EAT AGAIN?	o YES o NO

Pizza Log

...E	
...ZERIA	
...GHBORHOOD	
...ERAGE PAIRING	

TOPPINGS			CHEESE	
...HEESE	o MUSHROOMS	o ONIONS	o GREASY	o STINGY
...NEAPPLE	o BACON	o TUNA	o SMOKEY	o STINKY
...REEN PEPPER	o SAUSAGE	o BLACK OLIVES	o CREAMY	o SALTY
...THER			**SAUCE**	
			o SWEET	o SAVORY
			o TANGY	o SPICY
			o THIN	o CHUNKY

CHEESE TO SAUCE RATIO (CSR)	
CHEESE	☐ ☐ ☐ ☐ ☐ ☐
SAUCE	☐ ☐ ☐ ☐ ☐ ☐

FRESHNESS				
o 1	o 2	o 3	o 4	o 5

CRUST SIZE	CRUST		CRUST	
...HIN	o BUTTERY	o CRISPY	o 1 o 2 o 3 o 4 o 5	
...EDIUM	o SPONGY	o BUBBLY		
...ARGE	o CHEWY	o OTHER	**STYLE**	o NY o CHICAGO o OTHER

COMMENTS

MY RATING	o 1 o 2 o 3 o 4 o 5 o 6 o 7 o 8 o 9 o 10	EAT AGAIN?	o YES o NO

Pizza Log

DATE	
PIZZERIA	
NEIGHBORHOOD	
BEVERAGE PAIRING	

TOPPINGS			CHEESE	
o CHEESE	o MUSHROOMS	o ONIONS	o GREASY	o STINGY
o PINEAPPLE	o BACON	o TUNA	o SMOKEY	o STINKY
o GREEN PEPPER	o SAUSAGE	o BLACK OLIVES	o CREAMY	o SALTY
o OTHER			**SAUCE**	
			o SWEET	o SAVORY
			o TANGY	o SPICY
			o THIN	o CHUNKY

		CHEESE TO SAUCE RATIO (CS
	CHEESE	☐ ☐ ☐ ☐ ☐
	SAUCE	☐ ☐ ☐ ☐ ☐

FRESHNESS				
o 1	o 2	o 3	o 4	o 5

CRUST SIZE	CRUST		CRUST				
o THIN	o BUTTERY	o CRISPY	o 1	o 2	o 3	o 4	o 5
o MEDIUM	o SPONGY	o BUBBLY					
o LARGE	o CHEWY	o OTHER	**STYLE** o NY o CHICAGO o OTHER				

COMMENTS

MY RATING	o 1 o 2 o 3 o 4 o 5 o 6 o 7 o 8 o 9 o 10	EAT AGAIN?	o YES	o NO

Pizza Log

DATE	
PIZZERIA	
NEIGHBORHOOD	
BEVERAGE PAIRING	

TOPPINGS			CHEESE	
CHEESE	o MUSHROOMS	o ONIONS	o GREASY	o STINGY
PINEAPPLE	o BACON	o TUNA	o SMOKEY	o STINKY
GREEN PEPPER	o SAUSAGE	o BLACK OLIVES	o CREAMY	o SALTY
OTHER			**SAUCE**	
			o SWEET	o SAVORY
			o TANGY	o SPICY
			o THIN	o CHUNKY

CHEESE TO SAUCE RATIO (CSR)

FRESHNESS	CHEESE	☐ ☐ ☐ ☐ ☐ ☐
o 1 o 2 o 3 o 4 o 5	SAUCE	☐ ☐ ☐ ☐ ☐ ☐

CRUST SIZE	CRUST		CRUST
THIN	o BUTTERY	o CRISPY	o 1 o 2 o 3 o 4 o 5
MEDIUM	o SPONGY	o BUBBLY	
LARGE	o CHEWY	o OTHER	**STYLE** o NY o CHICAGO o OTHER

COMMENTS

MY RATING	o 1 o 2 o 3 o 4 o 5 o 6 o 7 o 8 o 9 o 10	EAT AGAIN?	o YES o NO

Pizza Log

DATE	
PIZZERIA	
NEIGHBORHOOD	
BEVERAGE PAIRING	

TOPPINGS			CHEESE	
o CHEESE	o MUSHROOMS	o ONIONS	o GREASY	o STINGY
o PINEAPPLE	o BACON	o TUNA	o SMOKEY	o STINKY
o GREEN PEPPER	o SAUSAGE	o BLACK OLIVES	o CREAMY	o SALTY
o OTHER			**SAUCE**	
			o SWEET	o SAVORY
			o TANGY	o SPICY
			o THIN	o CHUNKY

CHEESE TO SAUCE RATIO (CSR)

FRESHNESS					CHEESE	☐☐☐☐☐☐
o 1	o 2	o 3	o 4	o 5	SAUCE	☐☐☐☐☐☐

CRUST SIZE	CRUST		CRUST				
o THIN	o BUTTERY	o CRISPY	o 1	o 2	o 3	o 4	o 5
o MEDIUM	o SPONGY	o BUBBLY					
o LARGE	o CHEWY	o OTHER	**STYLE** o NY o CHICAGO o OTHER				

COMMENTS

MY RATING	o 1 o 2 o 3 o 4 o 5 o 6 o 7 o 8 o 9 o 10	EAT AGAIN?	o YES o NO

Pizza Log

TE	
ZZERIA	
IGHBORHOOD	
VERAGE PAIRING	

TOPPINGS			CHEESE	
CHEESE	o MUSHROOMS	o ONIONS	o GREASY	o STINGY
PINEAPPLE	o BACON	o TUNA	o SMOKEY	o STINKY
GREEN PEPPER	o SAUSAGE	o BLACK OLIVES	o CREAMY	o SALTY
OTHER			**SAUCE**	
			o SWEET	o SAVORY
			o TANGY	o SPICY
			o THIN	o CHUNKY

			CHEESE TO SAUCE RATIO (CSR)	
FRESHNESS			CHEESE	☐ ☐ ☐ ☐ ☐ ☐
o 1 o 2 o 3 o 4 o 5			SAUCE	☐ ☐ ☐ ☐ ☐ ☐

CRUST SIZE	CRUST		CRUST	
THIN	o BUTTERY	o CRISPY	o 1 o 2 o 3 o 4 o 5	
MEDIUM	o SPONGY	o BUBBLY		
LARGE	o CHEWY	o OTHER	**STYLE**	o NY o CHICAGO o OTHER

COMMENTS

MY RATING	o 1 o 2 o 3 o 4 o 5 o 6 o 7 o 8 o 9 o 10	EAT AGAIN?	o YES o NO

Pizza Log

DATE	
PIZZERIA	
NEIGHBORHOOD	
BEVERAGE PAIRING	

TOPPINGS			CHEESE	
o CHEESE	o MUSHROOMS	o ONIONS	o GREASY	o STINGY
o PINEAPPLE	o BACON	o TUNA	o SMOKEY	o STINKY
o GREEN PEPPER	o SAUSAGE	o BLACK OLIVES	o CREAMY	o SALTY
o OTHER				

SAUCE

o SWEET	o SAVORY
o TANGY	o SPICY
o THIN	o CHUNKY

CHEESE TO SAUCE RATIO (CSR

CHEESE	□ □ □ □ □ □
SAUCE	□ □ □ □ □ □

FRESHNESS

o 1   o 2   o 3   o 4   o 5

CRUST SIZE	CRUST		CRUST
o THIN	o BUTTERY	o CRISPY	o 1 o 2 o 3 o 4 o 5
o MEDIUM	o SPONGY	o BUBBLY	
o LARGE	o CHEWY	o OTHER	STYLE o NY o CHICAGO o OTHER

COMMENTS

MY RATING	o 1 o 2 o 3 o 4 o 5 o 6 o 7 o 8 o 9 o 10	EAT AGAIN?	o YES o NO

Pizza Log

E	
ZERIA	
GHBORHOOD	
ERAGE PAIRING	

TOPPINGS			CHEESE	
HEESE	o MUSHROOMS	o ONIONS	o GREASY	o STINGY
NEAPPLE	o BACON	o TUNA	o SMOKEY	o STINKY
REEN PEPPER	o SAUSAGE	o BLACK OLIVES	o CREAMY	o SALTY
THER			**SAUCE**	
			o SWEET	o SAVORY
			o TANGY	o SPICY
			o THIN	o CHUNKY

		CHEESE TO SAUCE RATIO (CSR)	
FRESHNESS		CHEESE	☐☐☐☐☐☐
o 1 o 2 o 3 o 4 o 5		SAUCE	☐☐☐☐☐☐

CRUST SIZE	CRUST		CRUST	
HIN	o BUTTERY	o CRISPY	o 1 o 2 o 3 o 4 o 5	
EDIUM	o SPONGY	o BUBBLY		
ARGE	o CHEWY	o OTHER	**STYLE**	o NY o CHICAGO o OTHER

COMMENTS

MY RATING	o1 o2 o3 o4 o5 o6 o7 o8 o9 o10	EAT AGAIN?	o YES o NO

Pizza Log

DATE	
PIZZERIA	
NEIGHBORHOOD	
BEVERAGE PAIRING	

TOPPINGS

o CHEESE	o MUSHROOMS	o ONIONS
o PINEAPPLE	o BACON	o TUNA
o GREEN PEPPER	o SAUSAGE	o BLACK OLIVES
o OTHER		

CHEESE

o GREASY	o STINGY
o SMOKEY	o STINKY
o CREAMY	o SALTY

SAUCE

o SWEET	o SAVORY
o TANGY	o SPICY
o THIN	o CHUNKY

CHEESE TO SAUCE RATIO (CS

CHEESE	□□□□□
SAUCE	□□□□□

FRESHNESS

o 1   o 2   o 3   o 4   o 5

CRUST SIZE

o THIN	
o MEDIUM	
o LARGE	

CRUST

o BUTTERY	o CRISPY
o SPONGY	o BUBBLY
o CHEWY	o OTHER

CRUST

o 1   o 2   o 3   o 4   o 5

STYLE o NY o CHICAGO o OTHER

COMMENTS

| MY RATING | o1 o2 o3 o4 o5 o6 o7 o8 o9 o10 | EAT AGAIN? | o YES | o N |

Pizza Log

ATE	
IZZERIA	
EIGHBORHOOD	
EVERAGE PAIRING	

TOPPINGS			CHEESE	
CHEESE	o MUSHROOMS	o ONIONS	o GREASY	o STINGY
PINEAPPLE	o BACON	o TUNA	o SMOKEY	o STINKY
GREEN PEPPER	o SAUSAGE	o BLACK OLIVES	o CREAMY	o SALTY
OTHER			**SAUCE**	
			o SWEET	o SAVORY
			o TANGY	o SPICY
			o THIN	o CHUNKY

CHEESE TO SAUCE RATIO (CSR)

CHEESE	□ □ □ □ □ □
SAUCE	□ □ □ □ □ □

FRESHNESS
o 1   o 2   o 3   o 4   o 5

CRUST SIZE	CRUST		CRUST
THIN	o BUTTERY	o CRISPY	o 1 o 2 o 3 o 4 o 5
MEDIUM	o SPONGY	o BUBBLY	
LARGE	o CHEWY	o OTHER	**STYLE** o NY o CHICAGO o OTHER

COMMENTS

MY RATING	o1 o2 o3 o4 o5 o6 o7 o8 o9 o10	EAT AGAIN?	o YES o NO

Pizza Log

DATE	
PIZZERIA	
NEIGHBORHOOD	
BEVERAGE PAIRING	

TOPPINGS

o CHEESE	o MUSHROOMS	o ONIONS
o PINEAPPLE	o BACON	o TUNA
o GREEN PEPPER	o SAUSAGE	o BLACK OLIVES
o OTHER		

CHEESE

o GREASY	o STINGY
o SMOKEY	o STINKY
o CREAMY	o SALTY

SAUCE

o SWEET	o SAVORY
o TANGY	o SPICY
o THIN	o CHUNKY

CHEESE TO SAUCE RATIO (CSR)

CHEESE	☐☐☐☐☐☐
SAUCE	☐☐☐☐☐☐

FRESHNESS

o 1   o 2   o 3   o 4   o 5

CRUST SIZE

| o THIN |
| o MEDIUM |
| o LARGE |

CRUST

o BUTTERY	o CRISPY
o SPONGY	o BUBBLY
o CHEWY	o OTHER

CRUST

o 1   o 2   o 3   o 4   o 5

STYLE   o NY   o CHICAGO   o OTHER

COMMENTS

MY RATING	o1 o2 o3 o4 o5 o6 o7 o8 o9 o10	EAT AGAIN?	o YES o NO

Pizza Log

⊾TE	
⊿ZZERIA	
⊿IGHBORHOOD	
⊾VERAGE PAIRING	

TOPPINGS			CHEESE	
CHEESE	o MUSHROOMS	o ONIONS	o GREASY	o STINGY
PINEAPPLE	o BACON	o TUNA	o SMOKEY	o STINKY
GREEN PEPPER	o SAUSAGE	o BLACK OLIVES	o CREAMY	o SALTY
OTHER			SAUCE	
			o SWEET	o SAVORY
			o TANGY	o SPICY
			o THIN	o CHUNKY

CHEESE TO SAUCE RATIO (CSR)

FRESHNESS						
					CHEESE	☐ ☐ ☐ ☐ ☐ ☐
o 1	o 2	o 3	o 4	o 5	SAUCE	☐ ☐ ☐ ☐ ☐ ☐

CRUST SIZE	CRUST		CRUST				
THIN	o BUTTERY	o CRISPY	o 1	o 2	o 3	o 4	o 5
MEDIUM	o SPONGY	o BUBBLY					
LARGE	o CHEWY	o OTHER	**STYLE** o NY o CHICAGO o OTHER				

COMMENTS

MY RATING	o 1 o 2 o 3 o 4 o 5 o 6 o 7 o 8 o 9 o 10	EAT AGAIN?	o YES o NO

Pizza Log

DATE	
PIZZERIA	
NEIGHBORHOOD	
BEVERAGE PAIRING	

TOPPINGS			CHEESE	
o CHEESE	o MUSHROOMS	o ONIONS	o GREASY	o STINGY
o PINEAPPLE	o BACON	o TUNA	o SMOKEY	o STINKY
o GREEN PEPPER	o SAUSAGE	o BLACK OLIVES	o CREAMY	o SALTY
o OTHER			SAUCE	
			o SWEET	o SAVORY
			o TANGY	o SPICY
			o THIN	o CHUNKY

			CHEESE TO SAUCE RATIO (CSR
			CHEESE ▢▢▢▢▢▢
FRESHNESS			
o1 o2 o3 o4 o5			SAUCE ▢▢▢▢▢▢

CRUST SIZE	CRUST		CRUST
o THIN	o BUTTERY	o CRISPY	o1 o2 o3 o4 o5
o MEDIUM	o SPONGY	o BUBBLY	
o LARGE	o CHEWY	o OTHER	STYLE o NY o CHICAGO o OTHER

COMMENTS

MY RATING	o1 o2 o3 o4 o5 o6 o7 o8 o9 o10	EAT AGAIN?	o YES o NO

Pizza Log

E	
?ERIA	
GHBORHOOD	
'ERAGE PAIRING	

TOPPINGS			CHEESE	
HEESE	o MUSHROOMS	o ONIONS	o GREASY	o STINGY
'NEAPPLE	o BACON	o TUNA	o SMOKEY	o STINKY
REEN PEPPER	o SAUSAGE	o BLACK OLIVES	o CREAMY	o SALTY
THER			**SAUCE**	
			o SWEET	o SAVORY
			o TANGY	o SPICY
			o THIN	o CHUNKY

CHEESE TO SAUCE RATIO (CSR)

FRESHNESS					CHEESE	☐ ☐ ☐ ☐ ☐ ☐
o 1	o 2	o 3	o 4	o 5	SAUCE	☐ ☐ ☐ ☐ ☐ ☐

CRUST SIZE	CRUST		CRUST				
HIN	o BUTTERY	o CRISPY	o 1	o 2	o 3	o 4	o 5
EDIUM	o SPONGY	o BUBBLY					
ARGE	o CHEWY	o OTHER	**STYLE** o NY o CHICAGO o OTHER				

COMMENTS

MY RATING	o 1 o 2 o 3 o 4 o 5 o 6 o 7 o 8 o 9 o 10	**EAT AGAIN?**	o YES o NO

Pizza Log

DATE	
PIZZERIA	
NEIGHBORHOOD	
BEVERAGE PAIRING	

TOPPINGS			CHEESE	
o CHEESE	o MUSHROOMS	o ONIONS	o GREASY	o STINGY
o PINEAPPLE	o BACON	o TUNA	o SMOKEY	o STINKY
o GREEN PEPPER	o SAUSAGE	o BLACK OLIVES	o CREAMY	o SALTY
o OTHER			SAUCE	
			o SWEET	o SAVORY
			o TANGY	o SPICY
			o THIN	o CHUNKY

	CHEESE TO SAUCE RATIO (CS
CHEESE	□ □ □ □ □

FRESHNESS						
o 1	o 2	o 3	o 4	o 5	SAUCE	□ □ □ □ □

CRUST SIZE	CRUST		CRUST				
o THIN	o BUTTERY	o CRISPY	o 1	o 2	o 3	o 4	o 5
o MEDIUM	o SPONGY	o BUBBLY					
o LARGE	o CHEWY	o OTHER	STYLE	o NY	o CHICAGO	o OTHER	

COMMENTS

MY RATING	o1 o2 o3 o4 o5 o6 o7 o8 o9 o10	EAT AGAIN?	o YES	o NO

Pizza Log

DATE	
PIZZERIA	
NEIGHBORHOOD	
BEVERAGE PAIRING	

TOPPINGS			CHEESE	
CHEESE	o MUSHROOMS	o ONIONS	o GREASY	o STINGY
PINEAPPLE	o BACON	o TUNA	o SMOKEY	o STINKY
GREEN PEPPER	o SAUSAGE	o BLACK OLIVES	o CREAMY	o SALTY
OTHER			**SAUCE**	
			o SWEET	o SAVORY
			o TANGY	o SPICY
			o THIN	o CHUNKY

		CHEESE TO SAUCE RATIO (CSR)	
FRESHNESS		CHEESE	☐ ☐ ☐ ☐ ☐ ☐
o1 o2 o3 o4 o5		SAUCE	☐ ☐ ☐ ☐ ☐ ☐

CRUST SIZE	CRUST		CRUST	
THIN	o BUTTERY	o CRISPY	o1 o2 o3 o4 o5	
MEDIUM	o SPONGY	o BUBBLY		
LARGE	o CHEWY	o OTHER	**STYLE**	o NY o CHICAGO o OTHER

COMMENTS

MY RATING	o1 o2 o3 o4 o5 o6 o7 o8 o9 o10	EAT AGAIN?	o YES o NO

Pizza Log

DATE	
PIZZERIA	
NEIGHBORHOOD	
BEVERAGE PAIRING	

TOPPINGS			CHEESE	
o CHEESE	o MUSHROOMS	o ONIONS	o GREASY	o STINGY
o PINEAPPLE	o BACON	o TUNA	o SMOKEY	o STINKY
o GREEN PEPPER	o SAUSAGE	o BLACK OLIVES	o CREAMY	o SALTY
o OTHER			**SAUCE**	
			o SWEET	o SAVORY
			o TANGY	o SPICY
			o THIN	o CHUNKY

		CHEESE TO SAUCE RATIO (CSR)	
		CHEESE	☐☐☐☐☐☐
FRESHNESS		SAUCE	☐☐☐☐☐☐
o 1 o 2 o 3 o 4 o 5			

CRUST SIZE	CRUST		CRUST	
o THIN	o BUTTERY	o CRISPY	o 1 o 2 o 3 o 4 o 5	
o MEDIUM	o SPONGY	o BUBBLY	**STYLE**	o NY o CHICAGO o OTHER
o LARGE	o CHEWY	o OTHER		

COMMENTS

MY RATING	o1 o2 o3 o4 o5 o6 o7 o8 o9 o10	EAT AGAIN?	o YES o NO

Pizza Log

TE	
ZZERIA	
IGHBORHOOD	
VERAGE PAIRING	

TOPPINGS			CHEESE	
CHEESE	o MUSHROOMS	o ONIONS	o GREASY	o STINGY
PINEAPPLE	o BACON	o TUNA	o SMOKEY	o STINKY
GREEN PEPPER	o SAUSAGE	o BLACK OLIVES	o CREAMY	o SALTY
OTHER			**SAUCE**	
			o SWEET	o SAVORY
			o TANGY	o SPICY
			o THIN	o CHUNKY

CHEESE TO SAUCE RATIO (CSR)	
CHEESE	☐ ☐ ☐ ☐ ☐ ☐
SAUCE	☐ ☐ ☐ ☐ ☐ ☐

FRESHNESS
o 1   o 2   o 3   o 4   o 5

CRUST SIZE	CRUST		CRUST
THIN	o BUTTERY	o CRISPY	o 1 o 2 o 3 o 4 o 5
MEDIUM	o SPONGY	o BUBBLY	
LARGE	o CHEWY	o OTHER	**STYLE** o NY o CHICAGO o OTHER

COMMENTS

MY RATING	o 1 o 2 o 3 o 4 o 5 o 6 o 7 o 8 o 9 o 10	EAT AGAIN?	o YES o NO

Pizza Log

DATE	
PIZZERIA	
NEIGHBORHOOD	
BEVERAGE PAIRING	

TOPPINGS			CHEESE	
o CHEESE	o MUSHROOMS	o ONIONS	o GREASY	o STINGY
o PINEAPPLE	o BACON	o TUNA	o SMOKEY	o STINKY
o GREEN PEPPER	o SAUSAGE	o BLACK OLIVES	o CREAMY	o SALTY
o OTHER			**SAUCE**	
			o SWEET	o SAVORY
			o TANGY	o SPICY
			o THIN	o CHUNKY

CHEESE TO SAUCE RATIO (CSR

FRESHNESS					CHEESE	□□□□□□
o 1	o 2	o 3	o 4	o 5	SAUCE	□□□□□□

CRUST SIZE	CRUST		CRUST				
o THIN	o BUTTERY	o CRISPY	o 1	o 2	o 3	o 4	o 5
o MEDIUM	o SPONGY	o BUBBLY					
o LARGE	o CHEWY	o OTHER	**STYLE** o NY o CHICAGO o OTHER				

COMMENTS

MY RATING	o 1 o 2 o 3 o 4 o 5 o 6 o 7 o 8 o 9 o 10	EAT AGAIN?	o YES	o NO

Pizza Log

E	
ERIA	
GHBORHOOD	
ERAGE PAIRING	

TOPPINGS			CHEESE	
HEESE	o MUSHROOMS	o ONIONS	o GREASY	o STINGY
NEAPPLE	o BACON	o TUNA	o SMOKEY	o STINKY
REEN PEPPER	o SAUSAGE	o BLACK OLIVES	o CREAMY	o SALTY

THER		SAUCE	
		o SWEET	o SAVORY
		o TANGY	o SPICY
		o THIN	o CHUNKY

CHEESE TO SAUCE RATIO (CSR)

FRESHNESS							
					CHEESE	□□□□□□
o 1	o 2	o 3	o 4	o 5	SAUCE	□□□□□□

CRUST SIZE	CRUST		CRUST				
HIN	o BUTTERY	o CRISPY	o 1	o 2	o 3	o 4	o 5
EDIUM	o SPONGY	o BUBBLY					
ARGE	o CHEWY	o OTHER	STYLE	o NY o CHICAGO o OTHER			

COMMENTS

MY RATING	o1 o2 o3 o4 o5 o6 o7 o8 o9 o10	EAT AGAIN?	o YES	o NO

Pizza Log

DATE	
PIZZERIA	
NEIGHBORHOOD	
BEVERAGE PAIRING	

TOPPINGS			CHEESE	
o CHEESE	o MUSHROOMS	o ONIONS	o GREASY	o STINGY
o PINEAPPLE	o BACON	o TUNA	o SMOKEY	o STINKY
o GREEN PEPPER	o SAUSAGE	o BLACK OLIVES	o CREAMY	o SALTY
o OTHER			**SAUCE**	
			o SWEET	o SAVORY
			o TANGY	o SPICY
			o THIN	o CHUNKY

CHEESE TO SAUCE RATIO (CS

FRESHNESS					CHEESE	□ □ □ □ □
o 1 o 2 o 3 o 4 o 5					SAUCE	□ □ □ □ □

CRUST SIZE	CRUST		CRUST				
o THIN	o BUTTERY	o CRISPY	o 1 o 2 o 3 o 4 o 5				
o MEDIUM	o SPONGY	o BUBBLY	**STYLE**	o NY o CHICAGO o OTHER			
o LARGE	o CHEWY	o OTHER					

COMMENTS

MY RATING	o 1 o 2 o 3 o 4 o 5 o 6 o 7 o 8 o 9 o 10	EAT AGAIN?	o YES	o N

Pizza Log

DATE	
PIZZERIA	
NEIGHBORHOOD	
BEVERAGE PAIRING	

TOPPINGS			CHEESE	
CHEESE	o MUSHROOMS	o ONIONS	o GREASY	o STINGY
PINEAPPLE	o BACON	o TUNA	o SMOKEY	o STINKY
GREEN PEPPER	o SAUSAGE	o BLACK OLIVES	o CREAMY	o SALTY
OTHER			SAUCE	
			o SWEET	o SAVORY
			o TANGY	o SPICY
			o THIN	o CHUNKY

	CHEESE TO SAUCE RATIO (CSR)	
	CHEESE	☐☐☐☐☐☐
FRESHNESS	SAUCE	☐☐☐☐☐☐

FRESHNESS

o 1   o 2   o 3   o 4   o 5

CRUST SIZE	CRUST		CRUST	
THIN	o BUTTERY	o CRISPY	o 1 o 2 o 3 o 4 o 5	
MEDIUM	o SPONGY	o BUBBLY		
LARGE	o CHEWY	o OTHER	**STYLE** o NY o CHICAGO o OTHER	

COMMENTS

MY RATING	o1 o2 o3 o4 o5 o6 o7 o8 o9 o10	EAT AGAIN?	o YES o NO

Pizza Log

DATE	
PIZZERIA	
NEIGHBORHOOD	
BEVERAGE PAIRING	

TOPPINGS

o CHEESE	o MUSHROOMS	o ONIONS
o PINEAPPLE	o BACON	o TUNA
o GREEN PEPPER	o SAUSAGE	o BLACK OLIVES
o OTHER		

CHEESE

o GREASY	o STINGY
o SMOKEY	o STINKY
o CREAMY	o SALTY

SAUCE

o SWEET	o SAVORY
o TANGY	o SPICY
o THIN	o CHUNKY

CHEESE TO SAUCE RATIO (CSR

CHEESE	▢▢▢▢▢▢
SAUCE	▢▢▢▢▢▢

FRESHNESS

o 1   o 2   o 3   o 4   o 5

CRUST SIZE

o THIN
o MEDIUM
o LARGE

CRUST

o BUTTERY	o CRISPY
o SPONGY	o BUBBLY
o CHEWY	o OTHER

CRUST

o 1   o 2   o 3   o 4   o 5

STYLE   o NY   o CHICAGO   o OTHER

COMMENTS

MY RATING	o1 o2 o3 o4 o5 o6 o7 o8 o9 o10	EAT AGAIN?	o YES o NO

Pizza Log

TE	
ZZERIA	
IGHBORHOOD	
VERAGE PAIRING	

TOPPINGS			CHEESE	
CHEESE	o MUSHROOMS	o ONIONS	o GREASY	o STINGY
PINEAPPLE	o BACON	o TUNA	o SMOKEY	o STINKY
GREEN PEPPER	o SAUSAGE	o BLACK OLIVES	o CREAMY	o SALTY
OTHER			**SAUCE**	
			o SWEET	o SAVORY
			o TANGY	o SPICY
			o THIN	o CHUNKY

CHEESE TO SAUCE RATIO (CSR)	
CHEESE	☐☐☐☐☐☐
SAUCE	☐☐☐☐☐☐

FRESHNESS				
o 1	o 2	o 3	o 4	o 5

CRUST SIZE	CRUST		CRUST				
THIN	o BUTTERY	o CRISPY	o 1	o 2	o 3	o 4	o 5
MEDIUM	o SPONGY	o BUBBLY					
LARGE	o CHEWY	o OTHER	**STYLE** o NY o CHICAGO o OTHER				

COMMENTS

MY RATING	o1 o2 o3 o4 o5 o6 o7 o8 o9 o10	EAT AGAIN?	o YES o NO

Pizza Log

DATE	
PIZZERIA	
NEIGHBORHOOD	
BEVERAGE PAIRING	

TOPPINGS			CHEESE	
o CHEESE	o MUSHROOMS	o ONIONS	o GREASY	o STINGY
o PINEAPPLE	o BACON	o TUNA	o SMOKEY	o STINKY
o GREEN PEPPER	o SAUSAGE	o BLACK OLIVES	o CREAMY	o SALTY
o OTHER			**SAUCE**	
			o SWEET	o SAVORY
			o TANGY	o SPICY
			o THIN	o CHUNKY

CHEESE TO SAUCE RATIO (CSR

CHEESE	□□□□□□		
SAUCE	□□□□□□		

FRESHNESS				
o 1	o 2	o 3	o 4	o 5

CRUST SIZE	CRUST		CRUST
o THIN	o BUTTERY	o CRISPY	o 1 o 2 o 3 o 4 o 5
o MEDIUM	o SPONGY	o BUBBLY	**STYLE** o NY o CHICAGO o OTHER
o LARGE	o CHEWY	o OTHER	

COMMENTS

MY RATING	o 1 o 2 o 3 o 4 o 5 o 6 o 7 o 8 o 9 o 10	EAT AGAIN?	o YES o NO

Pizza Log

E	
?ERIA	
3HBORHOOD	
'ERAGE PAIRING	

TOPPINGS			CHEESE	
HEESE	o MUSHROOMS	o ONIONS	o GREASY	o STINGY
NEAPPLE	o BACON	o TUNA	o SMOKEY	o STINKY
REEN PEPPER	o SAUSAGE	o BLACK OLIVES	o CREAMY	o SALTY
THER			**SAUCE**	
			o SWEET	o SAVORY
			o TANGY	o SPICY
			o THIN	o CHUNKY

	CHEESE TO SAUCE RATIO (CSR)	
FRESHNESS	CHEESE	☐☐☐☐☐☐
o 1 o 2 o 3 o 4 o 5	SAUCE	☐☐☐☐☐☐

CRUST SIZE	CRUST		CRUST	
HIN	o BUTTERY	o CRISPY	o 1 o 2 o 3 o 4 o 5	
EDIUM	o SPONGY	o BUBBLY		
ARGE	o CHEWY	o OTHER	**STYLE** o NY o CHICAGO o OTHER	

COMMENTS

MY RATING	o 1 o 2 o 3 o 4 o 5 o 6 o 7 o 8 o 9 o 10	EAT AGAIN?	o YES o NO

Pizza Log

DATE	
PIZZERIA	
NEIGHBORHOOD	
BEVERAGE PAIRING	

TOPPINGS			CHEESE	
o CHEESE	o MUSHROOMS	o ONIONS	o GREASY	o STINGY
o PINEAPPLE	o BACON	o TUNA	o SMOKEY	o STINKY
o GREEN PEPPER	o SAUSAGE	o BLACK OLIVES	o CREAMY	o SALTY
o OTHER			**SAUCE**	
			o SWEET	o SAVORY
			o TANGY	o SPICY
			o THIN	o CHUNKY
			CHEESE TO SAUCE RATIO (CS	

FRESHNESS			CHEESE	☐☐☐☐☐
o 1 o 2 o 3 o 4 o 5			SAUCE	☐☐☐☐☐

CRUST SIZE	CRUST		CRUST	
o THIN	o BUTTERY	o CRISPY	o 1 o 2 o 3 o 4 o 5	
o MEDIUM	o SPONGY	o BUBBLY	**STYLE**	o NY o CHICAGO o OTHER
o LARGE	o CHEWY	o OTHER		

COMMENTS

MY RATING	o1 o2 o3 o4 o5 o6 o7 o8 o9 o10	EAT AGAIN?	o YES o N

Pizza Log

DATE	
PIZZERIA	
NEIGHBORHOOD	
BEVERAGE PAIRING	

TOPPINGS			CHEESE	
CHEESE	o MUSHROOMS	o ONIONS	o GREASY	o STINGY
PINEAPPLE	o BACON	o TUNA	o SMOKEY	o STINKY
GREEN PEPPER	o SAUSAGE	o BLACK OLIVES	o CREAMY	o SALTY
OTHER			**SAUCE**	
			o SWEET	o SAVORY
			o TANGY	o SPICY
			o THIN	o CHUNKY

CHEESE TO SAUCE RATIO (CSR)	
CHEESE	☐☐☐☐☐☐
SAUCE	☐☐☐☐☐☐

FRESHNESS				
o 1	o 2	o 3	o 4	o 5

CRUST SIZE	CRUST		CRUST
THIN	o BUTTERY	o CRISPY	o 1 o 2 o 3 o 4 o 5
MEDIUM	o SPONGY	o BUBBLY	
LARGE	o CHEWY	o OTHER	**STYLE** o NY o CHICAGO o OTHER

COMMENTS

MY RATING	o1 o2 o3 o4 o5 o6 o7 o8 o9 o10	EAT AGAIN?	o YES o NO

Pizza Log

DATE	
PIZZERIA	
NEIGHBORHOOD	
BEVERAGE PAIRING	

TOPPINGS			CHEESE	
o CHEESE	o MUSHROOMS	o ONIONS	o GREASY	o STINGY
o PINEAPPLE	o BACON	o TUNA	o SMOKEY	o STINKY
o GREEN PEPPER	o SAUSAGE	o BLACK OLIVES	o CREAMY	o SALTY
o OTHER			**SAUCE**	
			o SWEET	o SAVORY
			o TANGY	o SPICY
			o THIN	o CHUNKY

	CHEESE TO SAUCE RATIO (CSR
	CHEESE ▢▢▢▢▢▢

FRESHNESS					CHEESE	▢▢▢▢▢▢
o 1	o 2	o 3	o 4	o 5	SAUCE	▢▢▢▢▢▢

CRUST SIZE	CRUST		CRUST				
o THIN	o BUTTERY	o CRISPY	o 1	o 2	o 3	o 4	o 5
o MEDIUM	o SPONGY	o BUBBLY					
o LARGE	o CHEWY	o OTHER	**STYLE** o NY o CHICAGO o OTHER				

COMMENTS

MY RATING	o 1 o 2 o 3 o 4 o 5 o 6 o 7 o 8 o 9 o 10	EAT AGAIN?	o YES o NO

Pizza Log

.TE	
ZZERIA	
IGHBORHOOD	
VERAGE PAIRING	

TOPPINGS			CHEESE	
CHEESE	o MUSHROOMS	o ONIONS	o GREASY	o STINGY
PINEAPPLE	o BACON	o TUNA	o SMOKEY	o STINKY
GREEN PEPPER	o SAUSAGE	o BLACK OLIVES	o CREAMY	o SALTY
OTHER			**SAUCE**	
			o SWEET	o SAVORY
			o TANGY	o SPICY
			o THIN	o CHUNKY

CHEESE TO SAUCE RATIO (CSR)

CHEESE	☐ ☐ ☐ ☐ ☐ ☐
SAUCE	☐ ☐ ☐ ☐ ☐ ☐

FRESHNESS

o 1   o 2   o 3   o 4   o 5

CRUST SIZE	CRUST		CRUST
THIN	o BUTTERY	o CRISPY	o 1 o 2 o 3 o 4 o 5
MEDIUM	o SPONGY	o BUBBLY	
LARGE	o CHEWY	o OTHER	**STYLE** o NY o CHICAGO o OTHER

COMMENTS

MY RATING	o 1 o 2 o 3 o 4 o 5 o 6 o 7 o 8 o 9 o 10	EAT AGAIN?	o YES o NO

Pizza Log

DATE	
PIZZERIA	
NEIGHBORHOOD	
BEVERAGE PAIRING	

TOPPINGS			CHEESE	
o CHEESE	o MUSHROOMS	o ONIONS	o GREASY	o STINGY
o PINEAPPLE	o BACON	o TUNA	o SMOKEY	o STINKY
o GREEN PEPPER	o SAUSAGE	o BLACK OLIVES	o CREAMY	o SALTY
o OTHER			**SAUCE**	
			o SWEET	o SAVORY
			o TANGY	o SPICY
			o THIN	o CHUNKY

		CHEESE TO SAUCE RATIO (CSR
FRESHNESS	CHEESE	☐☐☐☐☐☐
o1　o2　o3　o4　o5	SAUCE	☐☐☐☐☐☐

CRUST SIZE	CRUST		CRUST
o THIN	o BUTTERY	o CRISPY	o1　o2　o3　o4　o5
o MEDIUM	o SPONGY	o BUBBLY	
o LARGE	o CHEWY	o OTHER	**STYLE** o NY　o CHICAGO　o OTHER

COMMENTS

MY RATING	o1 o2 o3 o4 o5 o6 o7 o8 o9 o10	EAT AGAIN?	o YES　o NO

Pizza Log

E	
:ERIA	
;HBORHOOD	
ERAGE PAIRING	

TOPPINGS

HEESE	o MUSHROOMS	o ONIONS
NEAPPLE	o BACON	o TUNA
REEN PEPPER	o SAUSAGE	o BLACK OLIVES
THER		

CHEESE

o GREASY	o STINGY
o SMOKEY	o STINKY
o CREAMY	o SALTY

SAUCE

o SWEET	o SAVORY
o TANGY	o SPICY
o THIN	o CHUNKY

CHEESE TO SAUCE RATIO (CSR)

CHEESE	☐ ☐ ☐ ☐ ☐ ☐
SAUCE	☐ ☐ ☐ ☐ ☐ ☐

FRESHNESS

o 1   o 2   o 3   o 4   o 5

CRUST SIZE

HIN
EDIUM
ARGE

CRUST

o BUTTERY	o CRISPY
o SPONGY	o BUBBLY
o CHEWY	o OTHER

CRUST

o 1   o 2   o 3   o 4   o 5

STYLE | o NY o CHICAGO o OTHER

COMMENTS

1Y RATING	o1 o2 o3 o4 o5 o6 o7 o8 o9 o10	**EAT AGAIN?** o YES o NO

Pizza Log

DATE	
PIZZERIA	
NEIGHBORHOOD	
BEVERAGE PAIRING	

TOPPINGS			CHEESE	
o CHEESE	o MUSHROOMS	o ONIONS	o GREASY	o STINGY
o PINEAPPLE	o BACON	o TUNA	o SMOKEY	o STINKY
o GREEN PEPPER	o SAUSAGE	o BLACK OLIVES	o CREAMY	o SALTY
o OTHER			**SAUCE**	
			o SWEET	o SAVORY
			o TANGY	o SPICY
			o THIN	o CHUNKY
			CHEESE TO SAUCE RATIO (CS	
FRESHNESS			CHEESE	□□□□□
o 1 o 2 o 3 o 4 o 5			SAUCE	□□□□□

CRUST SIZE	CRUST		CRUST	
o THIN	o BUTTERY	o CRISPY	o 1 o 2 o 3 o 4 o	
o MEDIUM	o SPONGY	o BUBBLY	**STYLE**	o NY o CHICAGO o OTHER
o LARGE	o CHEWY	o OTHER		

COMMENTS

MY RATING	o 1 o 2 o 3 o 4 o 5 o 6 o 7 o 8 o 9 o 10	EAT AGAIN?	o YES	o N

Pizza Log

DATE	
PIZZERIA	
NEIGHBORHOOD	
BEVERAGE PAIRING	

TOPPINGS			CHEESE	
CHEESE	o MUSHROOMS	o ONIONS	o GREASY	o STINGY
PINEAPPLE	o BACON	o TUNA	o SMOKEY	o STINKY
GREEN PEPPER	o SAUSAGE	o BLACK OLIVES	o CREAMY	o SALTY
OTHER			**SAUCE**	
			o SWEET	o SAVORY
			o TANGY	o SPICY
			o THIN	o CHUNKY

CHEESE TO SAUCE RATIO (CSR)

CHEESE	☐☐☐☐☐☐
SAUCE	☐☐☐☐☐☐

FRESHNESS				
o 1	o 2	o 3	o 4	o 5

CRUST SIZE	CRUST		CRUST	
THIN	o BUTTERY	o CRISPY	o 1 o 2 o 3 o 4 o 5	
MEDIUM	o SPONGY	o BUBBLY		
LARGE	o CHEWY	o OTHER	**STYLE** o NY o CHICAGO o OTHER	

COMMENTS

MY RATING	o 1 o 2 o 3 o 4 o 5 o 6 o 7 o 8 o 9 o 10	EAT AGAIN?	o YES o NO

Pizza Log

DATE	
PIZZERIA	
NEIGHBORHOOD	
BEVERAGE PAIRING	

TOPPINGS			CHEESE	
o CHEESE	o MUSHROOMS	o ONIONS	o GREASY	o STINGY
o PINEAPPLE	o BACON	o TUNA	o SMOKEY	o STINKY
o GREEN PEPPER	o SAUSAGE	o BLACK OLIVES	o CREAMY	o SALTY
o OTHER			**SAUCE**	
			o SWEET	o SAVORY
			o TANGY	o SPICY
			o THIN	o CHUNKY

CHEESE TO SAUCE RATIO (CSR

					CHEESE	☐☐☐☐☐

FRESHNESS

o 1	o 2	o 3	o 4	o 5	SAUCE	☐☐☐☐☐

CRUST SIZE	CRUST		CRUST				
o THIN	o BUTTERY	o CRISPY	o 1	o 2	o 3	o 4	o 5
o MEDIUM	o SPONGY	o BUBBLY					
o LARGE	o CHEWY	o OTHER	**STYLE**	o NY	o CHICAGO	o OTHER	

COMMENTS

MY RATING	o 1 o 2 o 3 o 4 o 5 o 6 o 7 o 8 o 9 o 10	EAT AGAIN?	o YES o NO

Pizza Log

TE	
ZZERIA	
IGHBORHOOD	
VERAGE PAIRING	

TOPPINGS			CHEESE	
CHEESE	o MUSHROOMS	o ONIONS	o GREASY	o STINGY
PINEAPPLE	o BACON	o TUNA	o SMOKEY	o STINKY
GREEN PEPPER	o SAUSAGE	o BLACK OLIVES	o CREAMY	o SALTY
OTHER			**SAUCE**	
			o SWEET	o SAVORY
			o TANGY	o SPICY
			o THIN	o CHUNKY

			CHEESE TO SAUCE RATIO (CSR)	
FRESHNESS			CHEESE	☐ ☐ ☐ ☐ ☐ ☐
o 1 o 2 o 3 o 4 o 5			SAUCE	☐ ☐ ☐ ☐ ☐ ☐

CRUST SIZE	CRUST		CRUST	
THIN	o BUTTERY	o CRISPY	o 1 o 2 o 3 o 4 o 5	
MEDIUM	o SPONGY	o BUBBLY		
LARGE	o CHEWY	o OTHER	**STYLE**	o NY o CHICAGO o OTHER

COMMENTS

MY RATING	o 1 o 2 o 3 o 4 o 5 o 6 o 7 o 8 o 9 o 10	EAT AGAIN?	o YES o NO

Pizza Log

DATE	
PIZZERIA	
NEIGHBORHOOD	
BEVERAGE PAIRING	

TOPPINGS			CHEESE	
o CHEESE	o MUSHROOMS	o ONIONS	o GREASY	o STINGY
o PINEAPPLE	o BACON	o TUNA	o SMOKEY	o STINKY
o GREEN PEPPER	o SAUSAGE	o BLACK OLIVES	o CREAMY	o SALTY
o OTHER			**SAUCE**	
			o SWEET	o SAVORY
			o TANGY	o SPICY
			o THIN	o CHUNKY

CHEESE TO SAUCE RATIO (CSF

FRESHNESS					CHEESE	☐☐☐☐☐
o 1	o 2	o 3	o 4	o 5	SAUCE	☐☐☐☐☐

CRUST SIZE	CRUST		CRUST				
o THIN	o BUTTERY	o CRISPY	o 1	o 2	o 3	o 4	o 5
o MEDIUM	o SPONGY	o BUBBLY					
o LARGE	o CHEWY	o OTHER	**STYLE** o NY o CHICAGO o OTHER				

COMMENTS

MY RATING	o1 o2 o3 o4 o5 o6 o7 o8 o9 o10	EAT AGAIN?	o YES	o NO

Pizza Log

E	
ERIA	
GHBORHOOD	
ERAGE PAIRING	

TOPPINGS			CHEESE	
HEESE	o MUSHROOMS	o ONIONS	o GREASY	o STINGY
NEAPPLE	o BACON	o TUNA	o SMOKEY	o STINKY
REEN PEPPER	o SAUSAGE	o BLACK OLIVES	o CREAMY	o SALTY

THER			SAUCE	
			o SWEET	o SAVORY
			o TANGY	o SPICY
			o THIN	o CHUNKY

CHEESE TO SAUCE RATIO (CSR)

CHEESE	☐ ☐ ☐ ☐ ☐ ☐
SAUCE	☐ ☐ ☐ ☐ ☐ ☐

FRESHNESS				
o 1	o 2	o 3	o 4	o 5

CRUST SIZE	CRUST		CRUST	
HIN	o BUTTERY	o CRISPY	o 1 o 2 o 3 o 4 o 5	
EDIUM	o SPONGY	o BUBBLY		
ARGE	o CHEWY	o OTHER	STYLE	o NY o CHICAGO o OTHER

COMMENTS

MY RATING	o1 o2 o3 o4 o5 o6 o7 o8 o9 o10	EAT AGAIN?	o YES o NO

Pizza Log

DATE	
PIZZERIA	
NEIGHBORHOOD	
BEVERAGE PAIRING	

TOPPINGS			CHEESE	
o CHEESE	o MUSHROOMS	o ONIONS	o GREASY	o STINGY
o PINEAPPLE	o BACON	o TUNA	o SMOKEY	o STINKY
o GREEN PEPPER	o SAUSAGE	o BLACK OLIVES	o CREAMY	o SALTY
o OTHER			**SAUCE**	
			o SWEET	o SAVORY
			o TANGY	o SPICY
			o THIN	o CHUNKY
			CHEESE TO SAUCE RATIO (CS	

FRESHNESS					CHEESE	☐☐☐☐☐
o 1	o 2	o 3	o 4	o 5	SAUCE	☐☐☐☐☐

CRUST SIZE	CRUST		CRUST	
o THIN	o BUTTERY	o CRISPY	o 1 o 2 o 3 o 4 o 5	
o MEDIUM	o SPONGY	o BUBBLY	**STYLE**	o NY o CHICAGO o OTHER
o LARGE	o CHEWY	o OTHER		

COMMENTS

MY RATING	o1 o2 o3 o4 o5 o6 o7 o8 o9 o10	EAT AGAIN?	o YES o N

Pizza Log

ATE	
ZZERIA	
EIGHBORHOOD	
EVERAGE PAIRING	

TOPPINGS			CHEESE	
CHEESE	o MUSHROOMS	o ONIONS	o GREASY	o STINGY
PINEAPPLE	o BACON	o TUNA	o SMOKEY	o STINKY
GREEN PEPPER	o SAUSAGE	o BLACK OLIVES	o CREAMY	o SALTY
OTHER			**SAUCE**	
			o SWEET	o SAVORY
			o TANGY	o SPICY
			o THIN	o CHUNKY
			CHEESE TO SAUCE RATIO (CSR)	
FRESHNESS			CHEESE	□□□□□□
o 1 o 2 o 3 o 4 o 5			SAUCE	□□□□□□

CRUST SIZE	CRUST		CRUST	
THIN	o BUTTERY	o CRISPY	o 1 o 2 o 3 o 4 o 5	
MEDIUM	o SPONGY	o BUBBLY		
LARGE	o CHEWY	o OTHER	**STYLE**	o NY o CHICAGO o OTHER

COMMENTS

MY RATING	o 1 o 2 o 3 o 4 o 5 o 6 o 7 o 8 o 9 o 10	EAT AGAIN?	o YES o NO

Pizza Log

DATE	
PIZZERIA	
NEIGHBORHOOD	
BEVERAGE PAIRING	

TOPPINGS			CHEESE	
o CHEESE	o MUSHROOMS	o ONIONS	o GREASY	o STINGY
o PINEAPPLE	o BACON	o TUNA	o SMOKEY	o STINKY
o GREEN PEPPER	o SAUSAGE	o BLACK OLIVES	o CREAMY	o SALTY
o OTHER			**SAUCE**	
			o SWEET	o SAVORY
			o TANGY	o SPICY
			o THIN	o CHUNKY

		CHEESE TO SAUCE RATIO (CSR
	CHEESE	☐ ☐ ☐ ☐ ☐ ☐
FRESHNESS	SAUCE	☐ ☐ ☐ ☐ ☐ ☐
o 1 o 2 o 3 o 4 o 5		

CRUST SIZE	CRUST		CRUST				
o THIN	o BUTTERY	o CRISPY	o 1	o 2	o 3	o 4	o 5
o MEDIUM	o SPONGY	o BUBBLY					
o LARGE	o CHEWY	o OTHER	**STYLE**	o NY o CHICAGO o OTHER			

COMMENTS

MY RATING	o1 o2 o3 o4 o5 o6 o7 o8 o9 o10	EAT AGAIN?	o YES o NO

Pizza Log

TE	
ZZERIA	
IGHBORHOOD	
VERAGE PAIRING	

TOPPINGS			CHEESE	
CHEESE	o MUSHROOMS	o ONIONS	o GREASY	o STINGY
PINEAPPLE	o BACON	o TUNA	o SMOKEY	o STINKY
GREEN PEPPER	o SAUSAGE	o BLACK OLIVES	o CREAMY	o SALTY
OTHER			**SAUCE**	
			o SWEET	o SAVORY
			o TANGY	o SPICY
			o THIN	o CHUNKY

CHEESE TO SAUCE RATIO (CSR)

FRESHNESS						
o 1	o 2	o 3	o 4	o 5	CHEESE	☐☐☐☐☐☐
					SAUCE	☐☐☐☐☐☐

CRUST SIZE	CRUST		CRUST				
THIN	o BUTTERY	o CRISPY	o 1	o 2	o 3	o 4	o 5
MEDIUM	o SPONGY	o BUBBLY					
LARGE	o CHEWY	o OTHER	**STYLE**	o NY o CHICAGO o OTHER			

COMMENTS

MY RATING	o 1 o 2 o 3 o 4 o 5 o 6 o 7 o 8 o 9 o 10	EAT AGAIN?	o YES o NO

Pizza Log

DATE	
PIZZERIA	
NEIGHBORHOOD	
BEVERAGE PAIRING	

TOPPINGS			CHEESE	
o CHEESE	o MUSHROOMS	o ONIONS	o GREASY	o STINGY
o PINEAPPLE	o BACON	o TUNA	o SMOKEY	o STINKY
o GREEN PEPPER	o SAUSAGE	o BLACK OLIVES	o CREAMY	o SALTY
o OTHER			**SAUCE**	
			o SWEET	o SAVORY
			o TANGY	o SPICY
			o THIN	o CHUNKY

		CHEESE TO SAUCE RATIO (CSF
	CHEESE	☐☐☐☐☐

FRESHNESS				
o 1	o 2	o 3	o 4	o 5

SAUCE	☐☐☐☐☐

CRUST SIZE	CRUST		CRUST				
o THIN	o BUTTERY	o CRISPY	o 1	o 2	o 3	o 4	o 5
o MEDIUM	o SPONGY	o BUBBLY					
o LARGE	o CHEWY	o OTHER	**STYLE**	o NY	o CHICAGO	o OTHER	

COMMENTS

MY RATING	o 1 o 2 o 3 o 4 o 5 o 6 o 7 o 8 o 9 o 10	EAT AGAIN?	o YES	o NO

Pizza Log

E	
ERIA	
3HBORHOOD	
ERAGE PAIRING	

TOPPINGS			CHEESE	
HEESE	o MUSHROOMS	o ONIONS	o GREASY	o STINGY
NEAPPLE	o BACON	o TUNA	o SMOKEY	o STINKY
REEN PEPPER	o SAUSAGE	o BLACK OLIVES	o CREAMY	o SALTY
HER			**SAUCE**	
			o SWEET	o SAVORY
			o TANGY	o SPICY
			o THIN	o CHUNKY

			CHEESE TO SAUCE RATIO (CSR)	
	FRESHNESS		CHEESE	☐☐☐☐☐☐
o 1 o 2 o 3 o 4 o 5			SAUCE	☐☐☐☐☐☐

CRUST SIZE	CRUST		CRUST	
HIN	o BUTTERY	o CRISPY	o 1 o 2 o 3 o 4 o 5	
EDIUM	o SPONGY	o BUBBLY		
ARGE	o CHEWY	o OTHER	**STYLE**	o NY o CHICAGO o OTHER

COMMENTS

1Y RATING	o 1 o 2 o 3 o 4 o 5 o 6 o 7 o 8 o 9 o 10	EAT AGAIN?	o YES o NO

Pizza Log

DATE	
PIZZERIA	
NEIGHBORHOOD	
BEVERAGE PAIRING	

TOPPINGS

o CHEESE	o MUSHROOMS	o ONIONS
o PINEAPPLE	o BACON	o TUNA
o GREEN PEPPER	o SAUSAGE	o BLACK OLIVES
o OTHER		

CHEESE

o GREASY	o STINGY
o SMOKEY	o STINKY
o CREAMY	o SALTY

SAUCE

o SWEET	o SAVORY
o TANGY	o SPICY
o THIN	o CHUNKY

CHEESE TO SAUCE RATIO (CS

CHEESE	☐☐☐☐☐
SAUCE	☐☐☐☐☐

FRESHNESS

o1   o2   o3   o4   o5

CRUST SIZE

o THIN	
o MEDIUM	
o LARGE	

CRUST

o BUTTERY	o CRISPY
o SPONGY	o BUBBLY
o CHEWY	o OTHER

CRUST

o1   o2   o3   o4   o

STYLE	o NY o CHICAGO o OTHER

COMMENTS

MY RATING	o1 o2 o3 o4 o5 o6 o7 o8 o9 o10	EAT AGAIN?	o YES o N

Pizza Log

DATE	
PIZZERIA	
NEIGHBORHOOD	
BEVERAGE PAIRING	

TOPPINGS			CHEESE	
CHEESE	o MUSHROOMS	o ONIONS	o GREASY	o STINGY
PINEAPPLE	o BACON	o TUNA	o SMOKEY	o STINKY
GREEN PEPPER	o SAUSAGE	o BLACK OLIVES	o CREAMY	o SALTY
OTHER			**SAUCE**	
			o SWEET	o SAVORY
			o TANGY	o SPICY
			o THIN	o CHUNKY

CHEESE TO SAUCE RATIO (CSR)	
CHEESE	□□□□□□□
SAUCE	□□□□□□□

FRESHNESS
o 1   o 2   o 3   o 4   o 5

CRUST SIZE	CRUST		CRUST
THIN	o BUTTERY	o CRISPY	o 1 o 2 o 3 o 4 o 5
MEDIUM	o SPONGY	o BUBBLY	
LARGE	o CHEWY	o OTHER	**STYLE** o NY o CHICAGO o OTHER

COMMENTS

MY RATING	o 1 o 2 o 3 o 4 o 5 o 6 o 7 o 8 o 9 o 10	EAT AGAIN?	o YES o NO

Pizza Log

DATE	
PIZZERIA	
NEIGHBORHOOD	
BEVERAGE PAIRING	

TOPPINGS

o CHEESE	o MUSHROOMS	o ONIONS
o PINEAPPLE	o BACON	o TUNA
o GREEN PEPPER	o SAUSAGE	o BLACK OLIVES
o OTHER		

CHEESE

o GREASY	o STINGY
o SMOKEY	o STINKY
o CREAMY	o SALTY

SAUCE

o SWEET	o SAVORY
o TANGY	o SPICY
o THIN	o CHUNKY

CHEESE TO SAUCE RATIO (CSR

CHEESE	▢▢▢▢▢▢
SAUCE	▢▢▢▢▢▢

FRESHNESS

o 1   o 2   o 3   o 4   o 5

CRUST SIZE

o THIN
o MEDIUM
o LARGE

CRUST

o BUTTERY	o CRISPY
o SPONGY	o BUBBLY
o CHEWY	o OTHER

CRUST

o 1   o 2   o 3   o 4   o 5

STYLE | o NY o CHICAGO o OTHER

COMMENTS

MY RATING	o1 o2 o3 o4 o5 o6 o7 o8 o9 o10	EAT AGAIN?	o YES o NO

Pizza Log

TE	
ZZERIA	
IGHBORHOOD	
VERAGE PAIRING	

TOPPINGS			CHEESE	
CHEESE	o MUSHROOMS	o ONIONS	o GREASY	o STINGY
PINEAPPLE	o BACON	o TUNA	o SMOKEY	o STINKY
GREEN PEPPER	o SAUSAGE	o BLACK OLIVES	o CREAMY	o SALTY
OTHER			**SAUCE**	
			o SWEET	o SAVORY
			o TANGY	o SPICY
			o THIN	o CHUNKY

				CHEESE TO SAUCE RATIO (CSR)	
FRESHNESS				CHEESE	☐☐☐☐☐☐☐
o 1 o 2 o 3 o 4 o 5				SAUCE	☐☐☐☐☐☐☐

CRUST SIZE	CRUST		CRUST	
THIN	o BUTTERY	o CRISPY	o 1 o 2 o 3 o 4 o 5	
MEDIUM	o SPONGY	o BUBBLY		
LARGE	o CHEWY	o OTHER	**STYLE**	o NY o CHICAGO o OTHER

COMMENTS

MY RATING	o 1 o 2 o 3 o 4 o 5 o 6 o 7 o 8 o 9 o 10	EAT AGAIN?	o YES o NO

Pizza Log

DATE	
PIZZERIA	
NEIGHBORHOOD	
BEVERAGE PAIRING	

TOPPINGS			CHEESE	
o CHEESE	o MUSHROOMS	o ONIONS	o GREASY	o STINGY
o PINEAPPLE	o BACON	o TUNA	o SMOKEY	o STINKY
o GREEN PEPPER	o SAUSAGE	o BLACK OLIVES	o CREAMY	o SALTY
o OTHER			**SAUCE**	
			o SWEET	o SAVORY
			o TANGY	o SPICY
			o THIN	o CHUNKY

		CHEESE TO SAUCE RATIO (CSR
FRESHNESS	CHEESE	☐☐☐☐☐☐
o 1 o 2 o 3 o 4 o 5	SAUCE	☐☐☐☐☐☐

CRUST SIZE	CRUST		CRUST
o THIN	o BUTTERY	o CRISPY	o 1 o 2 o 3 o 4 o 5
o MEDIUM	o SPONGY	o BUBBLY	
o LARGE	o CHEWY	o OTHER	**STYLE** o NY o CHICAGO o OTHER

COMMENTS

MY RATING	o 1 o 2 o 3 o 4 o 5 o 6 o 7 o 8 o 9 o 10	EAT AGAIN?	o YES o NO

Pizza Log

E	
ERIA	
HBORHOOD	
ERAGE PAIRING	

TOPPINGS			CHEESE	
HEESE	o MUSHROOMS	o ONIONS	o GREASY	o STINGY
NEAPPLE	o BACON	o TUNA	o SMOKEY	o STINKY
REEN PEPPER	o SAUSAGE	o BLACK OLIVES	o CREAMY	o SALTY
THER			**SAUCE**	
			o SWEET	o SAVORY
			o TANGY	o SPICY
			o THIN	o CHUNKY

		CHEESE TO SAUCE RATIO (CSR)	
FRESHNESS		CHEESE	☐☐☐☐☐☐
o 1 o 2 o 3 o 4 o 5		SAUCE	☐☐☐☐☐☐

CRUST SIZE	CRUST		CRUST	
HIN	o BUTTERY	o CRISPY	o 1 o 2 o 3 o 4 o 5	
EDIUM	o SPONGY	o BUBBLY		
ARGE	o CHEWY	o OTHER	**STYLE**	o NY o CHICAGO o OTHER

COMMENTS

1Y RATING	o1 o2 o3 o4 o5 o6 o7 o8 o9 o10	EAT AGAIN?	o YES o NO

Pizza Log

DATE	
PIZZERIA	
NEIGHBORHOOD	
BEVERAGE PAIRING	

TOPPINGS			CHEESE	
o CHEESE	o MUSHROOMS	o ONIONS	o GREASY	o STINGY
o PINEAPPLE	o BACON	o TUNA	o SMOKEY	o STINKY
o GREEN PEPPER	o SAUSAGE	o BLACK OLIVES	o CREAMY	o SALTY
o OTHER			**SAUCE**	
			o SWEET	o SAVORY
			o TANGY	o SPICY
			o THIN	o CHUNKY
			CHEESE TO SAUCE RATIO (CS	

FRESHNESS					CHEESE	□□□□□
o 1	o 2	o 3	o 4	o 5	SAUCE	□□□□□

CRUST SIZE	CRUST		CRUST			
o THIN	o BUTTERY	o CRISPY	o 1	o 2	o 3	o 4 o 5
o MEDIUM	o SPONGY	o BUBBLY	**STYLE**	o NY o CHICAGO o OTHER		
o LARGE	o CHEWY	o OTHER				

COMMENTS

MY RATING	o1 o2 o3 o4 o5 o6 o7 o8 o9 o10	EAT AGAIN?	o YES	o N

Pizza Log

ATE	
ZZERIA	
EIGHBORHOOD	
EVERAGE PAIRING	

TOPPINGS

CHEESE	o MUSHROOMS	o ONIONS
PINEAPPLE	o BACON	o TUNA
GREEN PEPPER	o SAUSAGE	o BLACK OLIVES
OTHER		

CHEESE

o GREASY	o STINGY
o SMOKEY	o STINKY
o CREAMY	o SALTY

SAUCE

o SWEET	o SAVORY
o TANGY	o SPICY
o THIN	o CHUNKY

CHEESE TO SAUCE RATIO (CSR)

CHEESE	☐☐☐☐☐☐
SAUCE	☐☐☐☐☐☐

FRESHNESS

o 1   o 2   o 3   o 4   o 5

CRUST SIZE

| THIN |
| MEDIUM |
| LARGE |

CRUST

o BUTTERY	o CRISPY
o SPONGY	o BUBBLY
o CHEWY	o OTHER

CRUST

o 1   o 2   o 3   o 4   o 5

STYLE o NY o CHICAGO o OTHER

COMMENTS

MY RATING	o 1 o 2 o 3 o 4 o 5 o 6 o 7 o 8 o 9 o 10	**EAT AGAIN?** o YES o NO

Pizza Log

DATE	
PIZZERIA	
NEIGHBORHOOD	
BEVERAGE PAIRING	

TOPPINGS			CHEESE	
o CHEESE	o MUSHROOMS	o ONIONS	o GREASY	o STINGY
o PINEAPPLE	o BACON	o TUNA	o SMOKEY	o STINKY
o GREEN PEPPER	o SAUSAGE	o BLACK OLIVES	o CREAMY	o SALTY
o OTHER			**SAUCE**	
			o SWEET	o SAVORY
			o TANGY	o SPICY
			o THIN	o CHUNKY

	CHEESE TO SAUCE RATIO (CSR
	CHEESE □□□□□□
FRESHNESS	
o 1 o 2 o 3 o 4 o 5	SAUCE □□□□□□

CRUST SIZE	CRUST		CRUST
o THIN	o BUTTERY	o CRISPY	o 1 o 2 o 3 o 4 o 5
o MEDIUM	o SPONGY	o BUBBLY	
o LARGE	o CHEWY	o OTHER	**STYLE** o NY o CHICAGO o OTHER

COMMENTS

MY RATING	o1 o2 o3 o4 o5 o6 o7 o8 o9 o10	EAT AGAIN?	o YES o NO

Pizza Log

TE	
ZERIA	
IGHBORHOOD	
VERAGE PAIRING	

TOPPINGS			CHEESE	
CHEESE	o MUSHROOMS	o ONIONS	o GREASY	o STINGY
PINEAPPLE	o BACON	o TUNA	o SMOKEY	o STINKY
GREEN PEPPER	o SAUSAGE	o BLACK OLIVES	o CREAMY	o SALTY
OTHER			**SAUCE**	
			o SWEET	o SAVORY
			o TANGY	o SPICY
			o THIN	o CHUNKY

CHEESE TO SAUCE RATIO (CSR)	

FRESHNESS					CHEESE	▢▢▢▢▢▢
o 1	o 2	o 3	o 4	o 5	SAUCE	▢▢▢▢▢▢

CRUST SIZE	CRUST		CRUST				
THIN	o BUTTERY	o CRISPY	o 1	o 2	o 3	o 4	o 5
MEDIUM	o SPONGY	o BUBBLY					
LARGE	o CHEWY	o OTHER	**STYLE** o NY o CHICAGO o OTHER				

COMMENTS

MY RATING	o 1 o 2 o 3 o 4 o 5 o 6 o 7 o 8 o 9 o 10	EAT AGAIN?	o YES o NO

Pizza Log

DATE	
PIZZERIA	
NEIGHBORHOOD	
BEVERAGE PAIRING	

TOPPINGS			CHEESE	
o CHEESE	o MUSHROOMS	o ONIONS	o GREASY	o STINGY
o PINEAPPLE	o BACON	o TUNA	o SMOKEY	o STINKY
o GREEN PEPPER	o SAUSAGE	o BLACK OLIVES	o CREAMY	o SALTY
o OTHER			**SAUCE**	
			o SWEET	o SAVORY
			o TANGY	o SPICY
			o THIN	o CHUNKY

		CHEESE TO SAUCE RATIO (CSR

FRESHNESS					CHEESE	□□□□□□
o 1	o 2	o 3	o 4	o 5	SAUCE	□□□□□□

CRUST SIZE	CRUST		CRUST				
o THIN	o BUTTERY	o CRISPY	o 1	o 2	o 3	o 4	o 5
o MEDIUM	o SPONGY	o BUBBLY					
o LARGE	o CHEWY	o OTHER	**STYLE**	o NY	o CHICAGO	o OTHER	

COMMENTS

MY RATING	o 1 o 2 o 3 o 4 o 5 o 6 o 7 o 8 o 9 o 10	EAT AGAIN?	o YES	o NO

Made in the USA
Las Vegas, NV
09 December 2024

13652268R10085